"大保护"视角下长江支流岸线资源规划利用实践

——以芜湖市为例

梁双波　曹有挥　著

东南大学出版社
SOUTHEAST UNIVERSITY PRESS
·南京·

内 容 提 要

支流岸线资源是长江岸线资源的重要组成部分,构筑科学合理的支流自然岸线格局也是长江生态环境修复和长江绿色生态廊道建设的重要保障。本书以芜湖市高等级内河航道为案例,在系统总结分析国内外研究进展、内河岸线开发利用现状和陆域开发与保护需求的基础上,综合评价了内河岸线资源等级,并提出了岸线功能分区和关键功能岸段开发利用与优化调整的对策方案,全书共分七章。

本书可供人文地理、水利、交通、环保等相关领域的研究学者和规划工作者,以及相关部门的管理者、高等院校相关专业师生参考、阅读。

图书在版编目(CIP)数据

"大保护"视角下长江支流岸线资源规划利用实践:以芜湖市为例 / 梁双波,曹有挥著. — 南京:东南大学出版社,2018.5

ISBN 978-7-5641-7483-5

Ⅰ. ①大… Ⅱ. ①梁… ②曹… Ⅲ. ①长江—分叉型河段—流域—自然资源—规划—芜湖 ②长江—分叉型河段—流域—自然资源—资源利用—芜湖 Ⅳ. ①F127.54

中国版本图书馆 CIP 数据核字(2017)第 272672 号

"大保护"视角下长江支流岸线资源规划利用实践——以芜湖市为例

出版发行	东南大学出版社
出版人	江建中
社　址	南京市四牌楼 2 号
邮　编	210096
经　销	全国各地新华书店
印　刷	南京新世纪联盟印务有限公司
开　本	787 mm×1092 mm　1/16
印　张	7.5
字　数	114 千字
版　次	2018 年 5 月第 1 版
印　次	2018 年 5 月第 1 次印刷
书　号	ISBN 978-7-5641-7483-5
定　价	58.00 元

(本社图书若有印装质量问题,请直接与营销部联系。电话:025-83791830)

前　言

　　岸线资源是人类生存与发展的重要基础之一,涉及水、路、港、产、城和生物、湿地、环境等多方面,其研究受到地理学、生态学、环境学和城市规划等领域学者的关注。习近平总书记在推动长江经济带发展的重庆座谈会上鲜明指出,"推动长江经济带发展必须坚持生态优先、绿色发展,要把修复长江生态环境摆在压倒性位置,共抓大保护,不搞大开发"。国务院《关于依托黄金水道推动长江经济带发展的指导意见》明确提出"促进长江岸线有序开发";党中央《生态文明体制改革总体方案》重点提出要"开展水域、岸线等水生态空间确权试点";十八届五中全会明确提出要"构建科学合理的自然岸线格局";党的十九大报告指出"以共抓大保护、不搞大开发为导向推动长江经济带发展"。这均对岸线资源的调查、评估与分区研究工作提出新的更高要求。

　　从总体上看,国内外相关成果主要是对大江大河(如长江)和沿海岸线资源的研究,对于支流岸线资源的关注较为薄弱。而长江的支流岸线资源是长江岸线资源的重要组成部分,也是修复长江生态环境和建设长江绿色生态廊道的重要抓手。鉴于此,本书在中国科学院科技服务网络计划(STS)重点项目"长江经济带岸线资源调查与评估"(项目编号:KFJ-STS-ZDTP-011)、国家自然科学基金项目(41671132,41771139)的资助下,选择芜湖高等级内河岸线为案例,探讨"大保护"视角下长江支流岸线资源规划利用实践,一方面为支流岸线资源的评价、功能分区提供新方法,另一方面则为科学合理的自然岸线格局构建提供理性思维和借鉴。

　　本书内容共包括七章。首先在梳理国内外相关研究进展和研究思路的基础上,借助RS、GIS等技术手段分析了河道演变和岸线开发利用现状;选择自然、经济社会等方面要素,以 500 m×500 m 网格为基本空间单元,分析内河河流后方陆域开发与保护需求。以此为基础,叠加航道等级与堤间宽度、陆域后方开发适宜性等级、岸线稳定性等指标,综合评价内河岸线资源等级,并研究其功能分区。最后,围绕功能分区和开发利用问题,提出关键功能岸段开发利用与优化调整的对策思路、对策建议等。

目 录

第一章　绪论 ··· 001
　　第一节　问题的提出 ··· 002
　　第二节　相关研究进展 ·· 003
　　第三节　研究思路与内容 ··· 007
第二章　河道演变与开发利用现状 ·· 011
　　第一节　支流河道基本概况 ·· 012
　　第二节　支流河道演变 ·· 017
　　第三节　支流岸线开发利用现状 ·· 035
第三章　后方陆域开发与保护需求分析 ··· 039
　　第一节　保护需求分析 ·· 041
　　第二节　开发需求分析 ·· 045
第四章　内河岸线资源综合评价 ·· 047
　　第一节　评价指标与标准 ··· 048
　　第二节　评价结果 ·· 050
第五章　内河岸线功能分区 ·· 071
　　第一节　岸线功能类型划分 ·· 072
　　第二节　岸线功能布局 ·· 073
第六章　关键功能岸段开发利用与优化调整 ····································· 085
　　第一节　岸线保护区重点岸段的保护与调整 ···························· 087
　　第二节　岸线控制利用区的优化调整 ····································· 093
　　第三节　岸线开发利用区的开发引导 ····································· 096
第七章　研究结论和对策建议 ··· 105
　　第一节　主要结论 ·· 106
　　第二节　对策建议 ·· 108
主要参考文献 ·· 110
致谢 ··· 114

第一章 绪论

第一节 问题的提出
第二节 相关研究进展
第三节 研究思路与内容

第一节　问题的提出

岸线资源是占用一定范围水域和陆域空间的水土结合的国土资源。长江支流岸线资源是长江岸线资源的重要组成部分，也是修复长江生态环境和建设长江绿色生态廊道的重要抓手，其研究受到相关领域学者的关注。在新常态背景下，长江支流岸线资源保护——开发的利用环境已经发生明显的变化。

中国经济新支撑带建设的新机遇。依托长江黄金水道，大力推进长江中上游腹地发展是我国未来一段时间区域发展的重大任务，长江经济新支撑带建设已上升为国家战略。芜湖地处长江黄金水道和华东第二通道交汇的独特区位，结合长江经济带建设，加快芜湖内河岸线开发利用，有利于进一步强化芜湖水水中转、水陆换装等综合运输功能，拓展加强与市外地区的经济联系，增强对中上游腹地城市的带动作用。

安徽省域核心城市建设的新要求。加快省域核心城市建设，全力增强芜湖综合辐射带动能力，与合肥实施双核带动，带动皖江城市带及全省快速发展是国家和安徽经济社会发展的总体战略要求。在此背景下，充分发挥内河水运成本较低的产业支撑功能，统筹考虑内河河道变化与后方城镇、产业布局，明确内河岸线功能分区，通过江河联动推动要素向沿内河关键岸段集聚，有利于加快推进新型城镇化建设，推动城乡发展，完善芜湖与省域核心相匹配的集聚、辐射和服务功能。

现代化滨江大城市建设的新任务。加快建设长江流域具有重要影响的现代化滨江大城市，是芜湖城市发展的总体定位要求之一，也是皖南国际文化旅游示范区建设的目标要求之一。充分发挥内河岸线资源优势，优化调整内河岸线功能，结合沿岸城镇居民需求，开辟并不断完善融历史文化、旅游休闲、商贸服务等公共功能于一体的滨河休闲景观带，打造地域特色的标志性景点，有利于支撑芜湖加快现代化滨江大城市建设进程。

第二节 相关研究进展

在气候变化和人类活动对岸线区域影响日益加剧的背景下,国内外学者对岸线的变化趋势、利用评价等理论研究也在日益丰富;GIS、RS等新技术、新手段不断得到应用,研究方法从定性分析发展到定量研究;研究对象从沿江拓展到沿海。截至目前相关学科围绕岸线资源的研究集中体现在以下几方面:

岸线利用评价与合理性分析。 杨桂山等(1999)对长江江苏段岸线利用和港口布局进行分析,认为岸线利用缺乏统一的规划管理,造成部门与部门、地方与部门以及地方与地方之间存在矛盾,港口码头建设政出多门、布点过多、能力过大与结构雷同的重复建设现象突出,重大岸线开发工程缺乏足够的科学论证、带有一定的盲目与随意性等亟待解决的重大问题。王传胜等(2002a)选取岸前水深、岸线稳定性、岸前水域宽度、岸线后方陆域宽度4项指标作为岸线建港的主要自然条件因子,将长江中下游岸线分为4个等级进行评价分析,认为影响中下游岸线质量最主要的自然因子是岸前水深和岸线稳定性。张细兵等(2011)认为在岸线开发过程中应制订岸线利用规划,规范涉河工程设计,以尽可能减小对防洪的累积影响。阳立军等(2012)采用特尔斐法,构建包括6类影响因素、15个影响因子的舟山群岛港口岸线资源综合评价体系,对舟山群岛港口岸线资源进行综合评价,认为腹地条件、陆域集疏运条件是制约其港口岸线资源开发利用的关键因素。潘坤友等(2013)以沿江城市芜湖为研究对象,选取岸前水深、岸线稳定性等指标综合判别"新芜湖"的岸线资源等级,并结合后方腹地岸线需求对岸线开发进行功能分区,最后总结了"新芜湖"岸线资源开发利用中存在的主要问题,并提出相应的调整优化措施。陈欢等(2015)选取苏中扬州、泰州、南通3市为研究对象,基于2002年和2008年的长江岸线利用状况数据,对比分析了3市岸线发展变化规律,发现港口建设需求、沿江基础工业化进程加快、港产城融合发展、规划和政策引导等是岸线利用变化的重要驱动力。陈诚(2015)以泰州长江岸线利用时空变化数据库(2003—2013年)为基础,构建岸线利用类型转移矩阵，关联岸线类型与岸线条件，从规模扩张、结构变化和类型转移三方面分析岸线利用时空变化特征，结合政府部门和企业访谈以及相关研究，发现贴岸产业开发模式向港产城一体化综合开发的转变及岸线管理政策的调整，共同驱动了岸线利用从工业主导向港口主导的转变，促进了岸线利用从规模扩张向结构优化转变。段学军等（2016）归纳了长江岸线开发条件评估的技术体系，并综合分析了长江干流（宜宾以下）岸线的开发条件状况及利用现状，提出了长江岸线资源利用中存在的缺少科学的开发时序安排、资源潜力没有得到充分发挥、功能布局不合理、不当开发易造成生态破坏、缺少有效的管理机制等问题。叶梦姚等（2017）利用RS和GIS技术分析了浙江省1990—2015年大陆岸线长度、分维数及岸滩范围时空变化特征，引入人工化指数、开发利用主体度及开发强度指数探索了浙江省大陆岸线开发利用强度空间格局演变规律，综合反映了岸线的长度、曲折度、空间范围及开发利用状况等综合特征。研究表明人工化指数不断上升，以基岩海岸被开发利用为港口码头最为典型；各自然岸区岸线开发利用结构呈现多样化特征及变化趋势；开发利用总强度呈现上升趋势。

岸线适宜性评价与功能分析。 适宜性分析是针对某种用途的岸线所开展的适宜性分级，港口适宜性评价是分析岸线作为港口（含公用港口和工业用港口）使用时的适合性，这是岸线资源开发利用的基础。万荣荣等（2004）通过港口综合实力指数的计算，评价了苏州港在长江南京以下港口群中的地位，明确了苏州港的功能定位与发展方向，在此基础上提出了长江苏州段岸线开发、港口发展的对策与建议。朱红云等（2005）相对较早地对长江城市岸线资源港口开发适宜性和合理利用进行研究，提出仅从岸线自然条件及岸线集疏运等人文因素出发讨论岸线港口开发适宜性的做法已经无法适用港口发展的需要，只有统筹考虑岸线承担的多种功能，才能实现岸线地区经济和生态的双赢。马荣华等（2004）以岸线稳定性、岸前水深、岸前水域宽度以及岸线陆域宽度为评价因子，利用GIS技术，对江苏长江段岸线以及可能影响岸线稳定性的岛屿进行了分形：分维数计算，并以此为基础，应用多时相的卫星影像以及一些辅助资料来判断局部岸线的稳定性。段学军等（2006）以南通市域长江岸线为例，分析岸线资源利用功能区划的基本原则，提出了基于遥感与GIS的岸线资源条件和利用现状评价思路，引入了构造联表的岸线开发适宜性分析方法，并对南通市域长江岸线资源进行了功能区划分。曹卫东等（2008）在对安徽长江巢湖段岸线综合评价的基础上，借助GIS平台摸清岸线资源的利用情况,确定了各级岸线资源的空间分布与功能划分,并提出巢湖沿江港口建设的总体功能定位与空间布局及其岸线开发与港口发展的对策与建议。段学军等(2016)基于长江岸线空间功能的理念,从历史演变的角度梳理了长江岸线开发功能分异的过程,总结了岸线开发功能定位的科学依据,并剖析了长江岸线开发的区域功能。

岸线开发利用生态环境影响。施少华等(2002)通过对长江中下游河道的各段整治措施的分析,认为在长江中下游河道岸线利用过程中,还存在河势不稳定,布局不合理,深水浅用浪费岸线资源和水污染严重等问题。张细兵等(2011)选取武汉河段和扬中河段作为代表性河段,针对桥梁群和码头群两类主要岸线开发利用形式,开展了涉河工程群对河道洪水位及流场累积影响的数学模型计算分析,发现当群体工程的影响积累到一定程度,可能对河道的行洪与河势稳定带来不利影响。孙晓宇等(2014)通过空间分析,以岸线长度和陆域面积增长为数量指标对海岸线的时空变迁过程进行了定量反演,并进行了驱动力和影响分析,发现海岸线变迁的主要驱动力表现为前期的围垦养殖以及中后期的工业园区和港口的建设。岸线形态的变化,使得渤海湾所要承受的环境破坏力越来越大,原本孱弱的水动力条件在新增岸线的作用下势必会进一步减弱,海洋环境也必将迎接更大的挑战。

此外,田海兰等(2015)在对1979年、1987年、1991年、1997年、2002—2005年、2008年、2012年10个时期曹妃甸遥感影像图解译的基础上,从自然地理学角度对岸线和岛体历史演变趋势进行系统分析,研究了曹妃甸岸线和岛体动态变化特征。徐谅慧等(2015)利用遥感和GIS手段,通过建立生产、生活和生态保护为导向的岸线资源适宜性综合评价指标体系,研究了浙江省大陆岸线资源空间特征。陈晓英等(2015)利用Landsat MSS、TM、ETM+、OLI影像等数据,分析了40年来三门湾海岸线时空变化。毋亭等(2017)基于1940—2014年6个时相的中国大陆岸线数据,利用基于剖面计算的岸线变化速率,定量分析了中国大陆岸线变化的时空特征。张晓浩等(2016)基于1973—2015年间的6景代表性卫星遥感数据,分析了珠江口海域的岸线和围填海变化。侯西勇等(2016a,2016b)、巢子豪等(2016)、叶亮(2016)、毋亭等(2016)、王亚飞等(2016)、刘永超等(2016)、张云等(2015)、王苗苗等(2015)、索安宁等(2015)、朱麟等(2014)、李行等(2014)、周玲霞等(2014)、宋巍巍等(2013)、张晓祥等(2014)、陈晓攀等(2013)、王洪铸等(2012)、秦延文等(2012)、彭俊等(2012)、曹玉红等(2011)、彭勃(2011)、刘飞等(2010)、涂振顺等(2010)、张爱剑等(2010)、杨静等

(2008)、李长安等(2008)、王红娟等(2006)、朱红云等(2006)、马荣华等(2004)、张耀光等(2004)、潘文斌等(2003)、马荣华等(2003)、黄家柱(2001)、程久苗(1996)、史先虎等(1991)诸多学者,对沿海岸线开发利用的生态环境影响、沿海其他地区岸线开发等问题展开研究。

总体上看,目前已有的研究基本是围绕大江大河(如长江)和沿海岸线资源的开发利用与保护、岸线功能分区、环境影响等领域展开。在岸线资源评价与分区等方面已取得了一系列的成果与实践应用,但仍存在以下几个方面的问题:(1)已有研究主要是对干流岸线资源开展的相关分析,对支流岸线资源的关注较为缺乏;(2)已有分析主要侧重从开发利用的视角,从保护—开发综合视角开展的系统研究较少;(3)针对大江大河和沿海岸线资源的评价指标已相对完善,围绕支流岸线评价的指标体系构建仍然比较薄弱。

第三节 研究思路与内容

一、研究思路

本研究对象为芜湖市行政辖区范围内四级以上河道,具体包括南岸的芜申运河、青弋江、青山河、漳河、青弋江分洪道,北岸的裕溪河、西河,内河岸线(两侧)总长716.9km(图1-1)。研究在借鉴长江岸线开发利用成功经验的基础上,参考《全国河道(湖泊)岸线利用管理规划技术细则》等相关行业要求,在对内河岸线资源进行实地勘察的基础

图1-1 规划范围

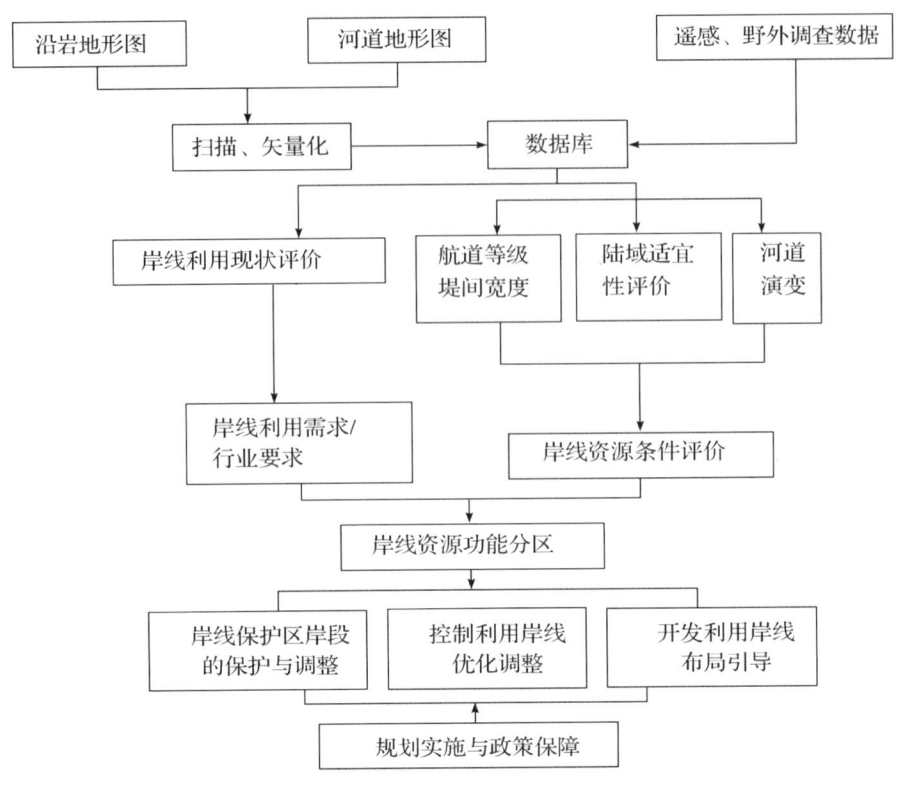

图1-2 研究技术路线

上,采用遥感与GIS技术以及数理模型分析方法进行岸线资源评价,具体技术路线如图1-2所示。

首先,通过对原始数据与资料(地形图、遥感影像及经济社会统计资料、实地调研资料等)的数字化处理,构建空间数据库。其次,一方面通过利用空间数据库中遥感影像解译数据,结合实地调研,对内河岸线资源利用现状进行分析;另一方面通过空间数据分析和特征数据提取,分析岸线生态保护的重要性,同时,在分析岸线的航道等级、河道演变、大堤宽度等的基础上,结合岸线后方陆域空间开发适宜性分析,综合判定岸线资源条件。再次,结合岸线开发利用现状、生态保护重要性、岸线资源条件及岸线利用需求进行岸线开发功能分区。然后,结合岸线功能分区方案进行岸线利用现状评价,根据评价结果,提出不合理利用岸段的调整方案。最后,提出规划实施保障。

内河岸线保护—开发遵循以下基本原则:

统一规划、综合开发。 重视发挥岸线资源的多功能作用,既要发挥岸线在防洪、供水、航运、水资源利用、生态环境保护等方面的作用,保障防洪安全、河势稳定、供水安全、保护水生态环境和维护河流健康,也要发挥岸线的社会服务功能资源效用,合理开发利用岸线资源,为沿河地区的经济社会发展服务。

有效保护、集约开发。对岸线资源要保护与利用并重、治理与开发相结合,将岸线资源的保护和控制利用放在突出的位置,既要考虑沿河地区经济社会发展对岸线资源开发利用的需要,提出合理的开发利用方案,也要根据不同河段的河势特点和防洪、供水以及水生态环境保护的要求,提出有效保护和合理控制利用的对策措施,对不适当开发的区域要严格加以控制。

综合协调、统筹开发。按照河流流域综合规划的总体要求,综合协调岸线资源利用保护与沿河地区社会经济发展、城镇布局、港口建设、生态环境保护等相关规划之间的关系,合理确定不同类型岸线开发利用功能及控制条件;处理好整体利益与局部利益关系,统筹兼顾上下游、左右岸、地区间以及行业之间的需求,结合不同地区的岸线特点和开发利用与保护的要求,充分发挥岸线资源的经济、社会与生态环境效益,实现岸线资源的合理配置。

远近结合、持续开发。根据河道岸线自然条件、沿河地区经济社会发展水平以及岸线开发利用程度,针对岸线开发利用与保护中的主要矛盾,按照轻重缓急,合理确定规划目标和任务。既考虑当前经济发展的迫切需要,又考虑将来经济发展的远期需要,根据河道演变特点及演变趋势,合理开发利用岸线资源,做到近远期兼顾,实现经济的可持续发展。

二、研究内容

根据上述研究思路,本书共分七章,其中第一章为绪论,第二章至第六章是研究的主体内容,第七章是结论和对策建议,各章研究的重点如下:

第一章绪论,主要介绍研究的背景、相关研究进展,以及研究的总体思路。这是后续研究的基本前提和保障。

第二章是围绕河道演变和开发利用现状进行分析。通过历史水文气象资料和多源遥感影像资料,借助地理信息系统(GIS)手段,进行两个时段河道的提取和叠加,研究河流河道演变情况。其中支流河道概况分析主要由安徽师范大学高超教授完成。

第三章是内河河流后方陆域开发与保护需求分析。主要通过选择自然、经济社会等方面要素,以 500 m×500 m 网格为基本空间单元,对各条河流两侧 2 km 范围进行适宜性评价。

第四章是开展内河岸线资源综合评价。结合前面内河后方陆域开发适宜性的分析,选择航道等级与堤间宽度、陆域后方开发适宜性等级、岸线稳定性等指标,对内河岸线资源条件进行评价。该部分内容由晓庄学院朱红云副教授、刘咏梅副教授完成。

第五章是开展内河岸线功能分区。综合考虑内河岸线资源条件、开发现状和开发需求,把内河岸线划分成岸线保护区、岸线保留区、岸线控制利用区和岸线开发利用区四种类型,并研究了各种类型空间格局。

第六章是开展关键功能岸段开发利用与优化调整分析。以内河岸线功能分区为基础,结合各类岸线开发利用基础、主要问题、开发需求等,研究提出岸线保护区、岸线控制利用区和岸线开发利用区优化调整、开发利用的对策思路。

第七章是研究的主要结论和对策建议。

第二章 河道演变与开发利用现状

第一节 支流河道基本概况

第二节 支流河道演变

第三节 支流岸线开发利用现状

第一节 支流河道基本概况

芜湖地势南高北低，地貌类型多样，平原丘陵皆备，河湖水网密布。全市多年平均降雨量 1 227 mm，降雨的年际变化很大，年内分配也很不均匀，全年降雨主要集中在汛期5—9月份。降雨的区域分布差异也很大，单站最大降水量出现在南陵县的烟墩铺，多年平均值 1 536.6 mm，最小降水量出现在三埠管，多年平均值 1 029.8 mm（图 2-2）。境内河道纵横，湖泊众多，沟塘密布，水面面积约 1 098.3 km²。长江自西南向东北穿过市境，将芜湖市分为长江以南和长江以北两大区域。长江以北地区全部属长江子流域巢湖流域，主要河流有裕溪河、西河等河贯穿无为县。长江以南地区大部分属长江子流域"三江"流域（水阳江、青弋江、漳河流域），青弋江及支流、漳河及支流、水阳江支流贯穿市区和南陵、芜湖、繁昌3县，奎湖、黑沙湖、龙窝湖等湖泊散布其间；长江以南地区其他水系如荻港河、青通河支流七星河等水系，亦属长江支流。

研究范围内的芜申运河、青弋江、青山河、漳河、青弋江分洪道、裕溪河、西河等水文气象、河道地质与边界条件等又有一定差异。

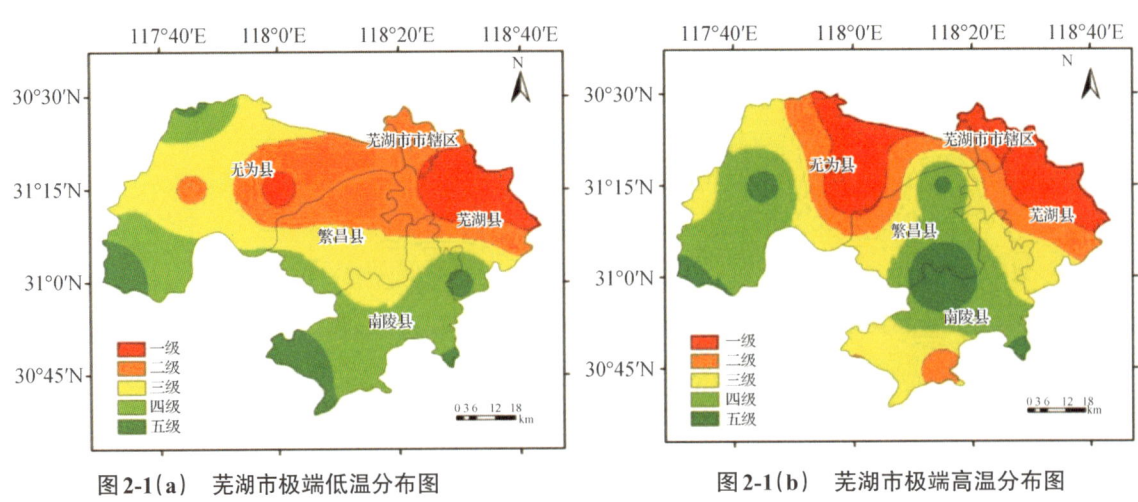

图 2-1（a） 芜湖市极端低温分布图　　图 2-1（b） 芜湖市极端高温分布图

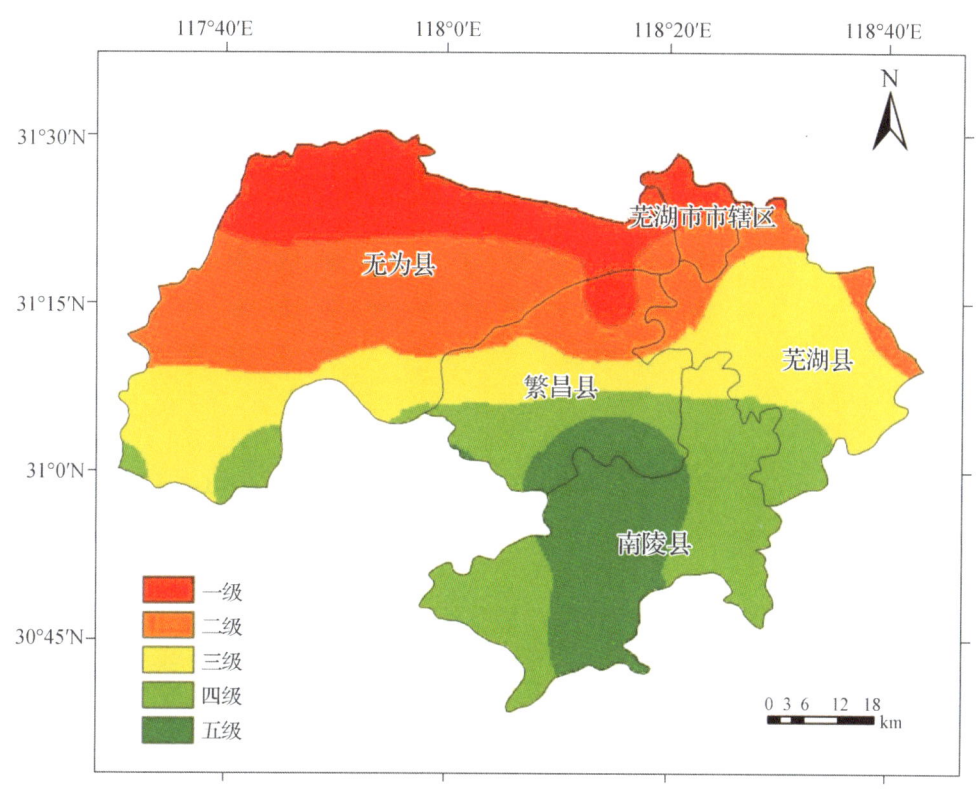

图 2-2　芜湖市极端降水分布图

一、芜申运河

芜申运河安徽段主要由青弋江下游、水阳江下游等河道组成。

气象水文。流域年平均气温差异不大，每年平均气温为 16 ℃（图 2-3）。流域多年年平均降水量约 1 300～1 600 mm（图 2-4），历年一小时最大降水量 84.1 mm（1961 年 8 月 3 日），历年最长连续降水日数 16 天（1954 年 1 月），历年降水量≥0.1 mm 日数 128.1 天。历年最大积雪深度为 25 cm（1954 年 1 月），历年平均降雪天数 10.4 天。平均雾日天数为 16.2 天/年。

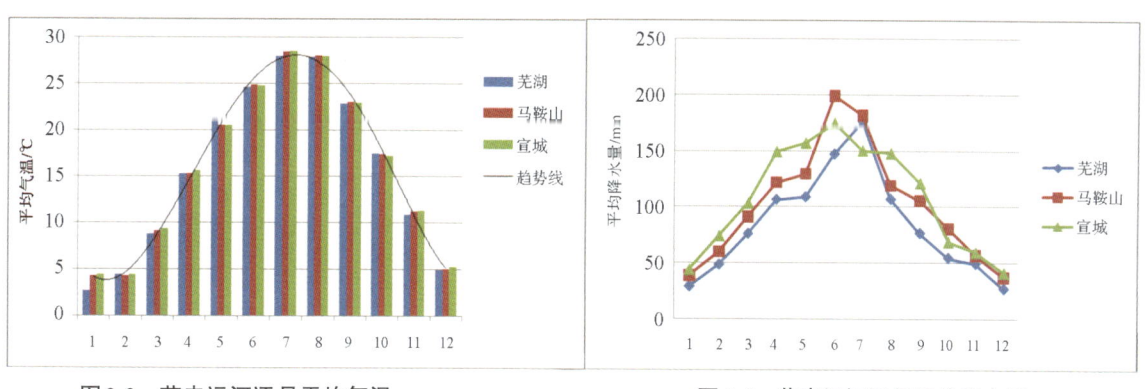

图 2-3　芜申运河逐月平均气温　　　　图 2-4　芜申运河逐月平均降水量

芜申运河（安徽段）青弋江航道径流主要由流域内地表降水形成，流域多年平均径流深约 600~800 mm，上游略大于中下游。径流年际变幅较大，年内分配不均匀。芜申运河（安徽段）年内径流量的变化情况没有直接的观测资料，仅能从水阳江上游的宣城水文站（距本河段 53 km）、青弋江上游的西河镇水文站（距本河段 47 km）等资料对芜申运河（安徽段）径流情况间接分析。其中，水阳江宣城水文站 3—7 月水量占全年的 65%，而主汛期 5—7 月水量占全年的 41.8%。全年径流以 6 月份为最大，12 月份最小，月径流最大最小之比为 6.25。

河道地质与边界条件。 流域主要由长江及本流域的冲积作用和湖泊淤积而成，地面高程一般为 7~8 m，低于汛期洪水位 2~3 m。地貌呈南高北低态势。区内出露的地层主要为第四纪冲洪积层，基岩多为硬质岩，地层多为第四系松散沉积物。

二、青弋江

青弋江流域面积 7 100 km²。主源有麻川和舒溪两支，两河汇合后称尚溪，至陈村为上游区，出陈村峡谷后称青弋江，沿途经泾县、西河镇至湾址后称下游。

气象水文。 流域多年平均气温为 16 ℃，年蒸发量在 700~1 000 mm 左右，多年平均降水量约 1 300~1 600 mm，主汛期 5—7 月的降水量约占全年的 58.7%。青弋江属雨源型河流，西河镇站多年平均水位 10.36 m，1957 年 7 月 5 日出现历史最高水位 18.80 m；1968 年 12 月 12 日出现历史最低水位 6.92 m。最大洪峰流量 8 300 m³/s（1983 年 7 月 4 日），最小洪峰流量 290 m³/s。流域各水文站多年平均径流深约 600~800 mm，据新河庄、西河镇、南陵 3 站径流量之和统计，丰水期 3—7 月径流量占全年的 66.9%，主汛期 5—7 月径流量占全年的 45.3%，月径流量最大最小之比为 6.4。

河道地质与边界条件。 上游河谷属于皖南山地水文地质区，弱富水岩石广布；下游属于沿江丘陵平原水文地质区，地表水系发育，地下水丰富，水文地质条件复杂，地下水以全新统松散岩类孔隙水和碳酸盐岩类裂隙岩溶水分布最广。

三、青山河

青山河位于水阳江、青弋江、漳河水系下游区域，为青弋江和水阳江两水系之间的通道，左岸为当涂县一五圩、双梅圩、芜当联圩，右岸由大公圩、四小圩、下六圩组成。

气象水文。 流域年平均气温最高 16.7 ℃（1961 年），最低 15.1 ℃

(1957年)。年平均降水量1 087.6 mm,最多年1 652.4 mm(1987年),最少年470.9 mm(1978年)。青山河最高水位,黄池三里埂站12.79 m(1983年7月5日),龙山桥站12.36 m(1954年8月22日);最低水位,龙山桥站有纪录为2.96 m(1953年1月12日)。洪峰流量568 m³/s,枯流量12 m³/s,水位受降水因素控制。

河道地质与边界条件。流域位于淮阳山字型构造前弧东翼之南端,有一系列东西、北东、北北东向褶皱和断裂。

四、裕溪河

裕溪河自巢湖闸开始,东南向流,于裕溪口注入长江,流经含山县、无为县、鸠江区。

气象水文。流域多年平均气温为15.6 ℃,极端最高气温为40.4 ℃,极端最低气温为-13.5 ℃,年内极端气温高低差为53.9 ℃。多年年均降水量为1 035.7 mm。降水年际变化不稳定。最丰水年降水量是1987年,年降水1 668.6 mm;最枯水年降水量是1978年,年降水505.4 mm,年际降水量差为1 163.2 mm。

河道地质与边界条件。地质构造位于下扬子台坳,银屏山一带有很好的石灰岩溶蚀地貌,山岭坡锥普遍发育有二级阶地。

五、青弋江分洪道

青弋江分洪道是水阳江、青弋江、漳河流域防洪治理总布局中的重要骨干工程。

气象水文。青弋江干流上的西河镇水文站和漳河干流上的南陵水文站,控制流域面积分别为5 796 km²、361 km²。流域多年平均径流量为130亿 m³,多年平均降水量为1 300~1 600 mm,年蒸发量在700~1 000 mm。

河道地质与边界条件。上游坐落在南陵盆地上,沟湖密布,河流纵横;下游为长江冲积平原,地势平坦,地面高程一般在6~8 m,局部高于8 m,为河漫滩—盆地地貌;中游在新淮—白马山一线为隆起带。

六、漳河

漳河发源于南陵县境内南部山区,自南向北穿越南陵县中部,经南陵县城关,沿南陵县、繁昌县及芜湖市三山区、弋江区的边界,于漪港汇入长江。漳河主要支流有4条,即烟墩河、峨岭河、后港河、峨溪河。

气象水文。流域年平均气温差异不大,多年平均气温为

16.0 ℃。南陵县城以上的上游河道属山间溪流，河床陡峻。中游河段，河宽80～140 m，比降0.15‰，水流平缓。三埠管以下河段，河宽120～200 m，比降0.12‰，河道弯曲，淤积严重。多年平均水位10.26 m，最高水位17.21 m。最低水位7.12 m。多年平均流量8.28 m³/s，多年平均最大流量14.9 m³/s，多年平均最小流量6.8 m³/s。历年最大洪峰流量1 440 m³/s，历年最小洪峰流量108 m³/s。

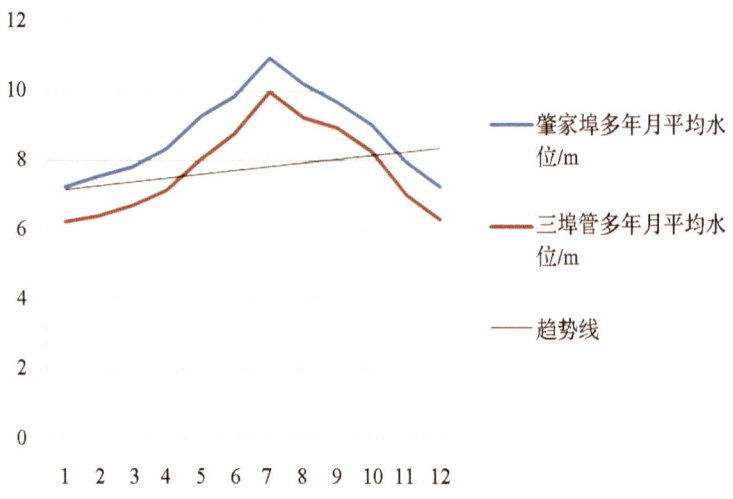

图2-5　肇家埠和三埠管站点多年月平均水位

河道地质与边界条件。流域位于扬子准地台的下扬子台坳，沿江拱断褶带、安庆凹断褶束和石台穹褶断束处，地势西南高、东北低，西南属低山丘陵，东北部属江河圩区。

七、西河

西河由上游庐江与无为县交界——榆树拐流入，流经无为县蜀山镇、泉塘镇、襄安镇、无为县城等，于西河黄雒集镇处汇入裕溪河。

气象水文。流域内平均年降雨量1 170.5 mm，1983年最多，为1 982.8 mm；1978年最少，为697.7 mm。流域多年平均流量为154 m³/s，最大年平均流量为344 m³/s；最小年平均流量为74.3 m³/s。月最大流量为1 010 m³/s；月最小流量为2.02 m³/s。

河道地质与边界条件。流域面积2 224 km²（其中包括黄陂湖来水面积602 km²），其中山区509 km²，丘陵区791 km²，平原圩区869 km²，湖泊水面55 km²。属扬子准地台的下扬子台坳，境内褶皱构造有线形褶皱和坳陷或断陷（盆地）两种形式。

第二节 支流河道演变

以 1989 年 TM 遥感影像数据和 2013 年资源卫星影像数据为基础,借助地理信息系统(GIS)手段,进行两个时段河道的提取和叠加(其中黄色线段为 1989 年河道,红色为现状河道),并结合实地勘查,对支流河道演变情况进行分析。

一、芜申运河

因历史原因,该运河航道等级低,水位变化大,航道深浅不一,且碍航桥梁多,大多为Ⅵ至Ⅶ级和等外级航道标准,只能通行 60~100 t 级船舶甚至更小的船舶。其中,青弋江段入江口至清水为Ⅴ级航道,清水经乌溪至丹农砖瓦厂为Ⅵ级航道,定埠段为Ⅴ级航道。整体上看,市区的镜湖、弋江岸段较为稳定,其余多有淤积,未来随着航道整治的加快,航道等级有望达到三级(图 2-6)。

图 2-6 芜申运河河道冲淤情况

根据河流流经行政区域的不同,各岸段河道演变情况如下:

镜湖区、弋江区段。此岸段的河道处于芜湖市区,筑有人工水利工程(石护坡),河道稳定,河道变迁、河岸淤涨变化不明显(图 2-7)。

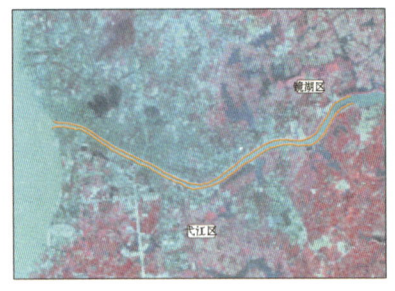  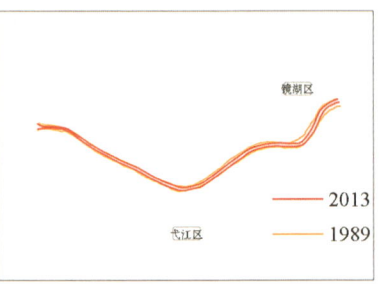

图 2-7(a) 1989年镜湖区、弋江区段河道　　图 2-7(b) 2013年镜湖区、弋江区段河道　　图 2-7(c) 镜湖区、弋江区段河道变迁

镜湖区段。河道左岸荆山河口至下游 1 000 m 处明显淤涨；荆山河上游位于高速公路桥（三环路桥）之间，河道变窄，两侧均有不同程度淤积，左岸淤幅明显大于右岸（图 2-8）。

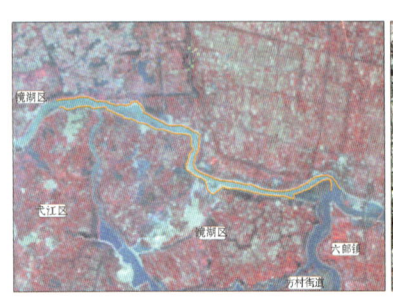 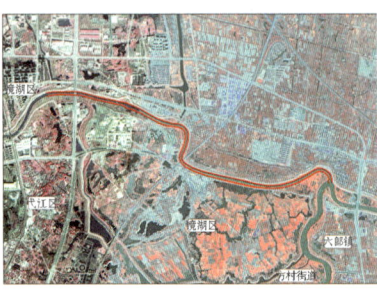

图 2-8(a) 1989年镜湖区段河道　　图 2-8(b) 2013年镜湖区段河道　　图 2-8(c) 镜湖区段河道变迁

鸠江区、六郎镇段。联盟村处清水河大桥右岸东侧约 700 m 范围内，有一定程度淤积。清水河大桥的左岸两侧各约 600 m 范围内明显淤积。从新民村界至青山河交汇段内，浅滩颇多，淤积明显，河道变窄趋势明显。青弋江与芜申运河交汇处，河中沙嘴明显向下游淤涨前伸（图 2-9）。

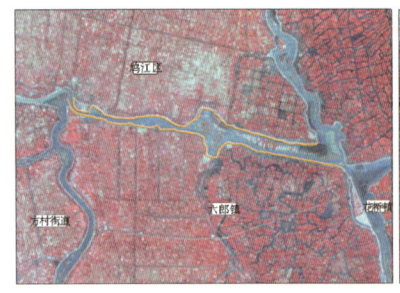  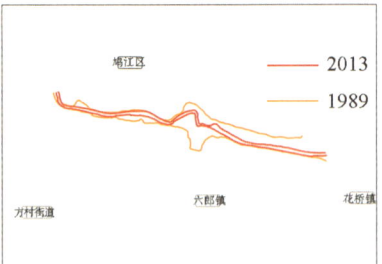

图 2-9(a) 1989年鸠江区、六郎镇段河道　　图 2-9(b) 2013年鸠江区、六郎镇段河道　　图 2-9(c) 鸠江区、六郎镇河道变迁

花桥镇段。运河左岸至与青山河河道界口（芜申运河花桥镇段）整体表现为淤积，2013年河道较1989年的河道明显向河道内侧变迁（图 2-10）。

图2-10(a) 1989年花桥镇段河道　　图2-10(b) 2013年花桥镇段河道　　图2-10(c) 花桥镇段河道变迁

二、漳河

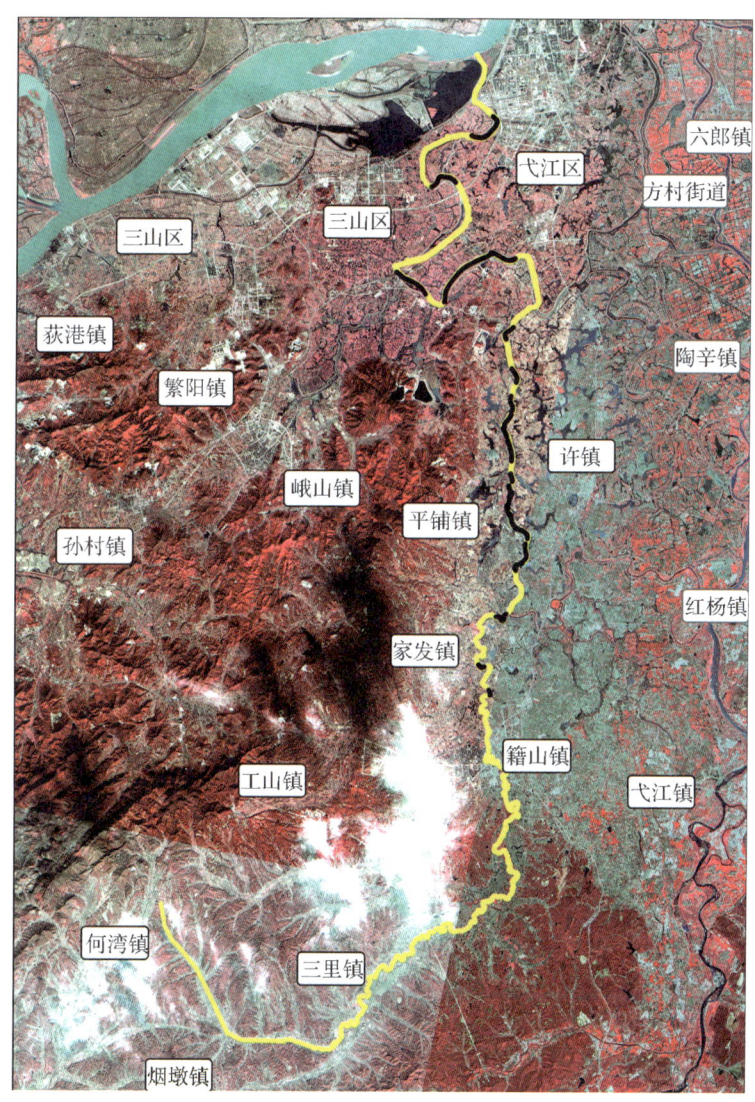

图2-11　漳河河道冲淤情况

漳河跨南陵、芜湖、繁昌3县，流域面积1 359 km²。总体上，上游地区的南陵县山区的何湾镇、三里镇地质条件稳定，河道较为稳定；中游河道变化复杂，南陵县许镇镇与繁昌县的平铺镇所属岸段淤积

较为严重,河道宽度明显变窄(图2-11)。河道部分岸段存在退堤现象,部分岸段分为两层堤坝。各岸段河道演变情况如下:

何湾镇、三里镇、籍山镇段。河道较为稳定,无明显的河道变迁(图2-12)。籍山镇中段及与家发镇交界的河道处有明显裁弯取直工程,受到人工建筑因素影响明显,河道出现明显变迁(图2-13)。

家发镇、籍山镇、平铺镇段。河道虽有分布淤积岸段,但不是很明显,从整体上看,此段河道无明显变迁,较为稳定(图2-14)。

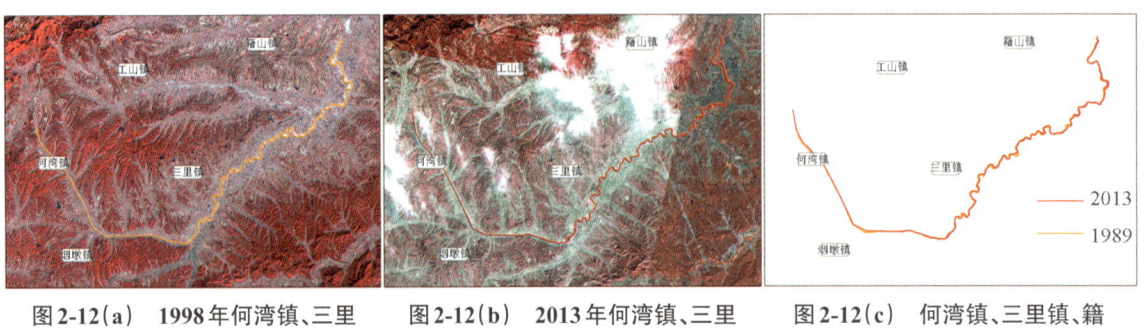

图2-12(a) 1998年何湾镇、三里镇、籍山镇段河道　　图2-12(b) 2013年何湾镇、三里镇、籍山镇段河道　　图2-12(c) 何湾镇、三里镇、籍山镇段河道变迁

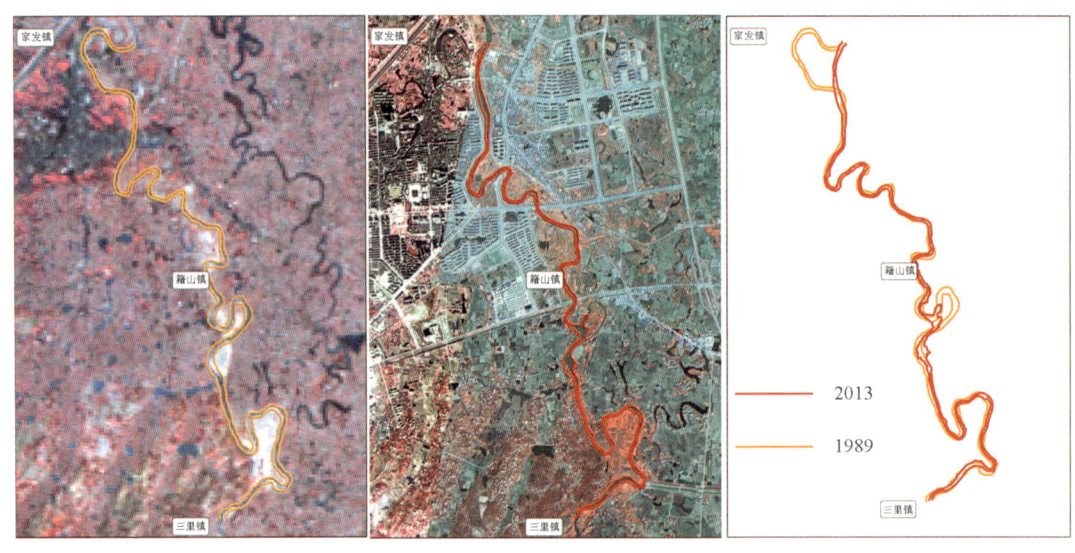

图2-13(a) 1989年籍山镇段河道　　图2-13(b) 2013年籍山镇段河道　　图2-13(c) 籍山镇段河道变迁

平铺镇、许镇镇段。大部分河道出现淤积,小淤积小冲崩河岸较多,从整体上来看,河道由于上游泥沙淤积,不断变窄,洪水期的防洪压力较大(图2-15)。

三山区、许镇镇段。淤积现象明显增多。漳河流入三山区后在其左岸的新油村、蚱保村2013年的河道明显向河道内侧移动,在许镇镇的东胜村也出现河道变迁现象(图2-16)。

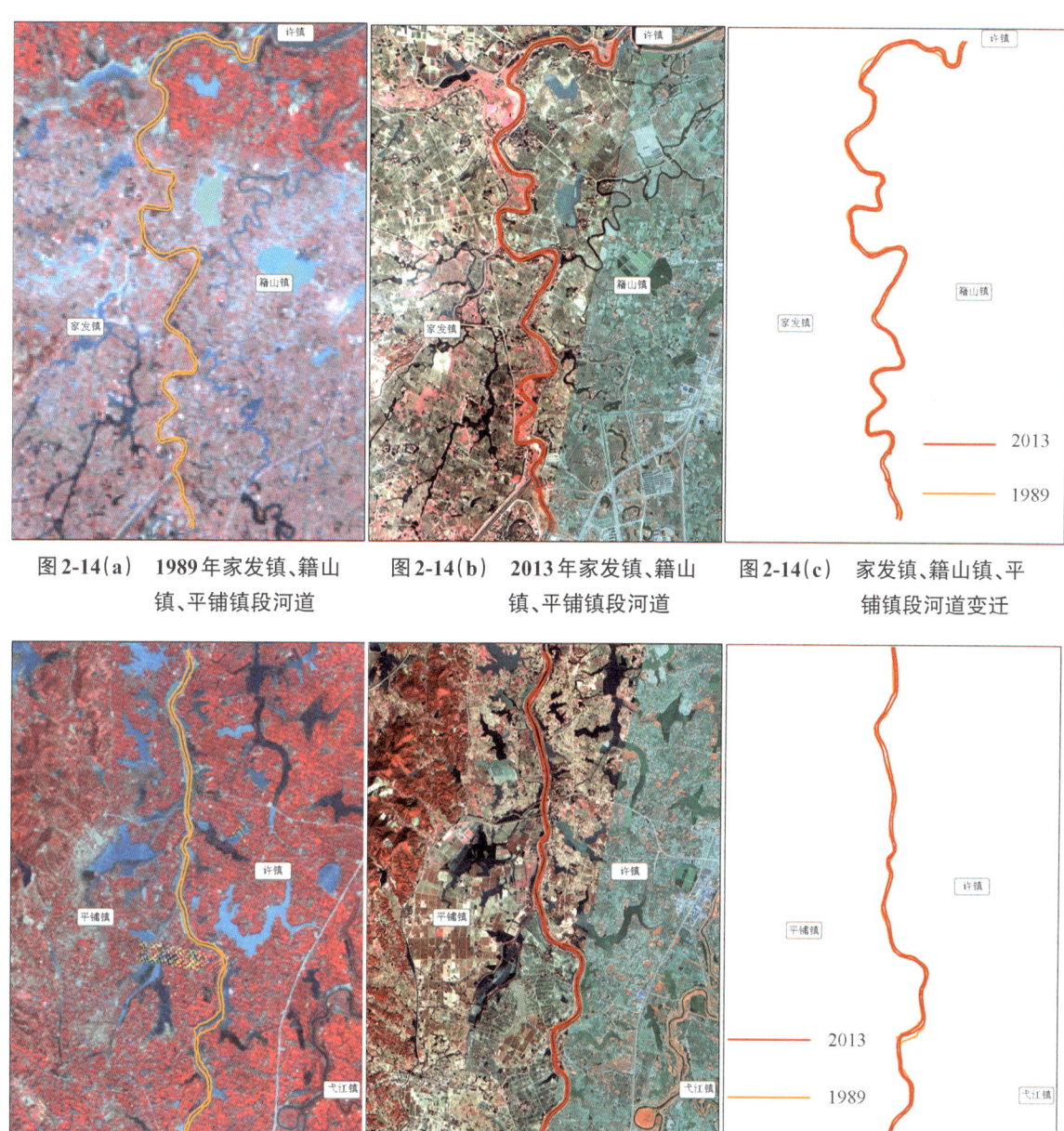

图2-14(a) 1989年家发镇、籍山镇、平铺镇段河道

图2-14(b) 2013年家发镇、籍山镇、平铺镇段河道

图2-14(c) 家发镇、籍山镇、平铺镇段河道变迁

图2-15(a) 1998年平铺镇、许镇镇段河道

图2-15(b) 2013年平铺镇、许镇镇段河道

图2-15(c) 平铺镇、许镇镇段河道变迁

三山区、弋江区段。1989年山湖村和佘村段河流中部有沙洲发育,2013年沙洲已与河滩地淤连在一起。石硊村和新义村交界处凸岸外的河段在1989年影像上发育有沙洲,2013年沙洲已与河岸淤连至一起。左岸浮山村段有明显淤涨特征;右岸大埠村段自拐点往下游800 m左右处,有小幅淤积。右岸大埠村至新义村段,河道变窄,有明显向河床中间淤涨现象。左岸高岗埠村段自上往下淤涨幅度逐渐增大,右岸基本无变化。右岸连河村至塔影村间,整个河段处于凸岸,堆积现象明显,1989年影像上河床中有淤积,沙洲冒出。左岸澛港段

1989年有少量小沙洲发育,2013年沙洲已与后方陆地淤积成一体。漳河入江口因龙窝湖段不断向长江淤积,入江口不断前伸(图2-17)。

三、裕溪河

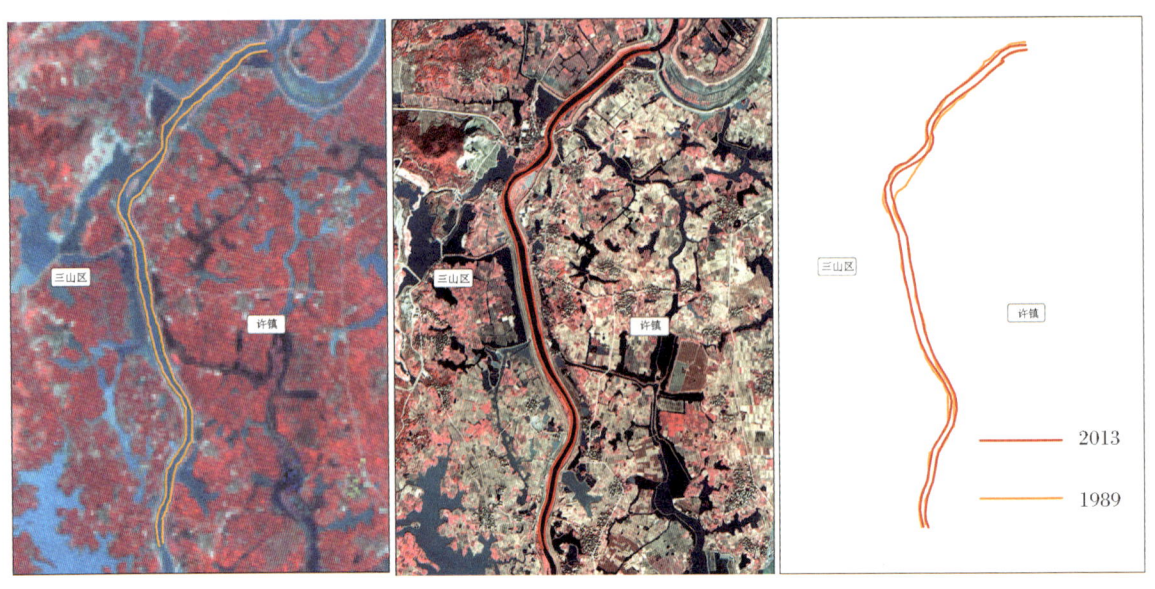

图2-16(a) 1989年三山区、许镇镇段河道　　图2-16(b) 2013年三山区、许镇镇段河道　　图2-16(c) 三山区、许镇镇段河道变迁

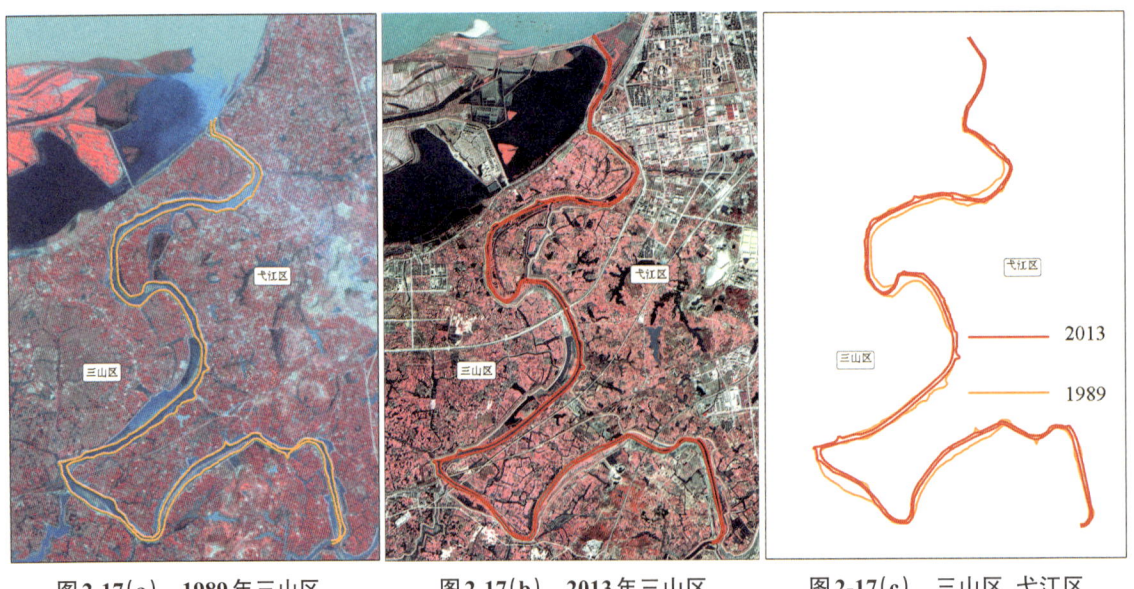

图2-17(a) 1989年三山区、弋江区段河道　　图2-17(b) 2013年三山区、弋江区段河道　　图2-17(c) 三山区、弋江区段河道变迁

裕溪河具有较强的通航能力,沿岸渡口、泵站较多,在石涧镇的柴林村与二龙村河道右岸由于淤积,向河流内侧变迁;在二坝镇的天河村的裕溪河入江口处实施了裁弯取直的人工水利工程,改变了原有河道的走向。除上述两处河道受自然或者人工水利工程的影响外,其余岸段护岸较好,河道较为稳定,无明显变迁(图2-18)。各岸段河道演变情况如下:

石涧镇段。上游与后河交汇处右岸有小幅淤积。水泥厂码头附近(1 500 m左右)河段有部分淤涨,出现淤积现象(图2-19)。

陡沟镇段。位于陡沟镇内的岸段河道稳定,河道两岸护岸较好,河道无明显冲淤变化。(图2-20)

汤沟镇、沈巷镇段。岸段河道稳定,无明显冲淤变化与河道位置的变迁。(图2-21)

二坝镇、沈巷镇段。在裕溪河入江口处天河村实施了裁弯取直的人工水利工程,河道走向发生变化(图2-22)。

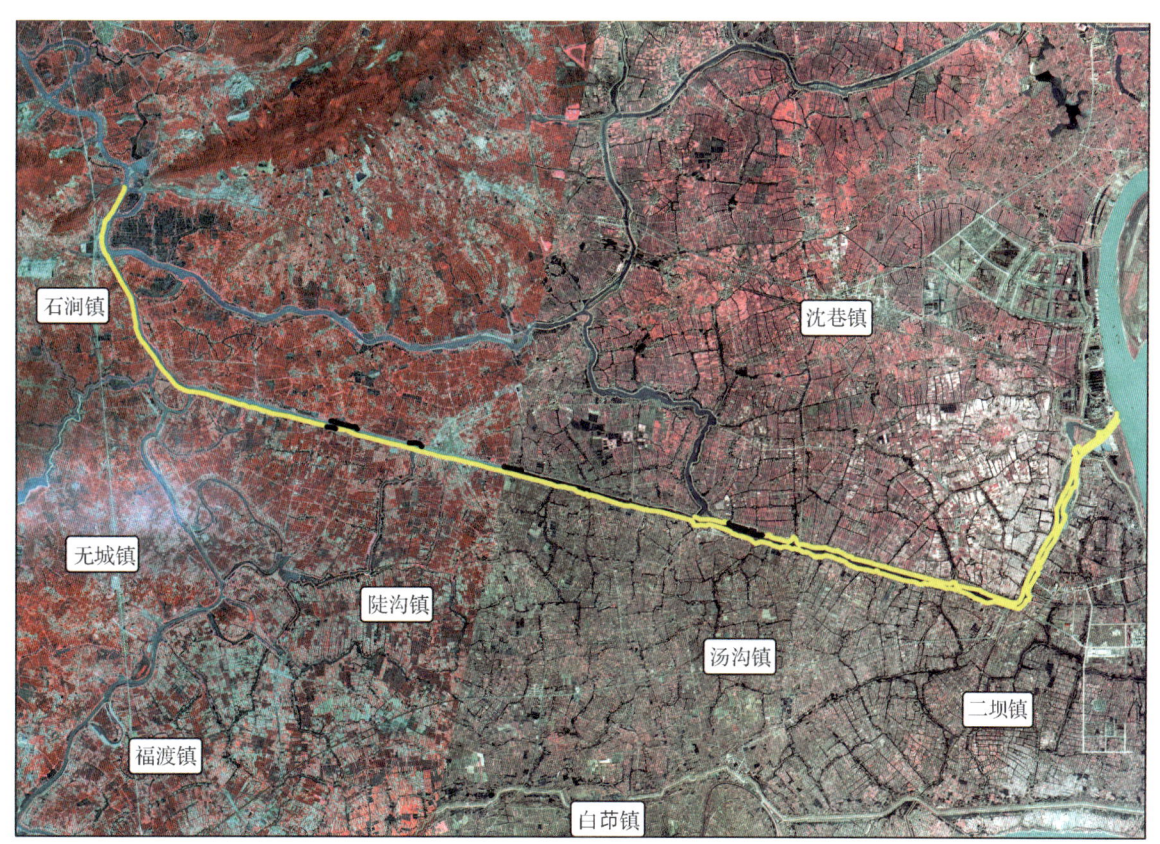

图2-18 裕溪河河道冲淤情况

图 2-19（a） 1989年石涧镇段河道　　图 2-19（b） 2013年石涧镇段河道　　图 2-19（c） 石涧镇段河道变迁

图 2-20（a） 1989年陡沟镇段河道　　图 2-20（b） 2013年陡沟镇段河道　　图 2-20（c） 陡沟镇段河道变迁

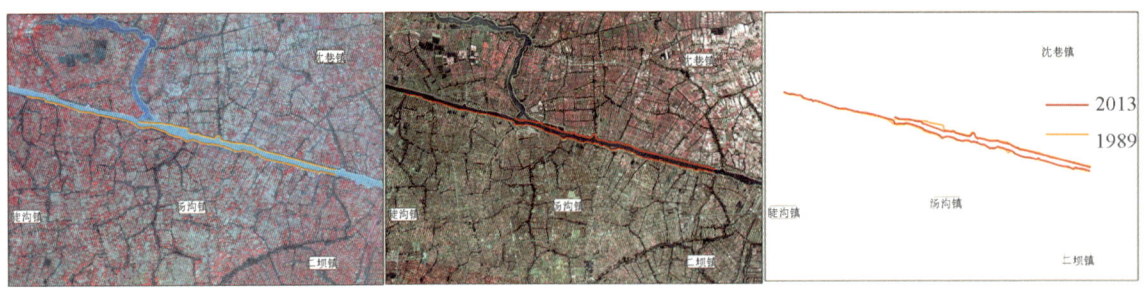

图 2-21（a） 1989年汤沟镇、沈巷镇段河道　　图 2-21（b） 2013年汤沟镇、沈巷镇段河道　　图 2-21（c） 汤沟镇、沈巷镇段河道变迁

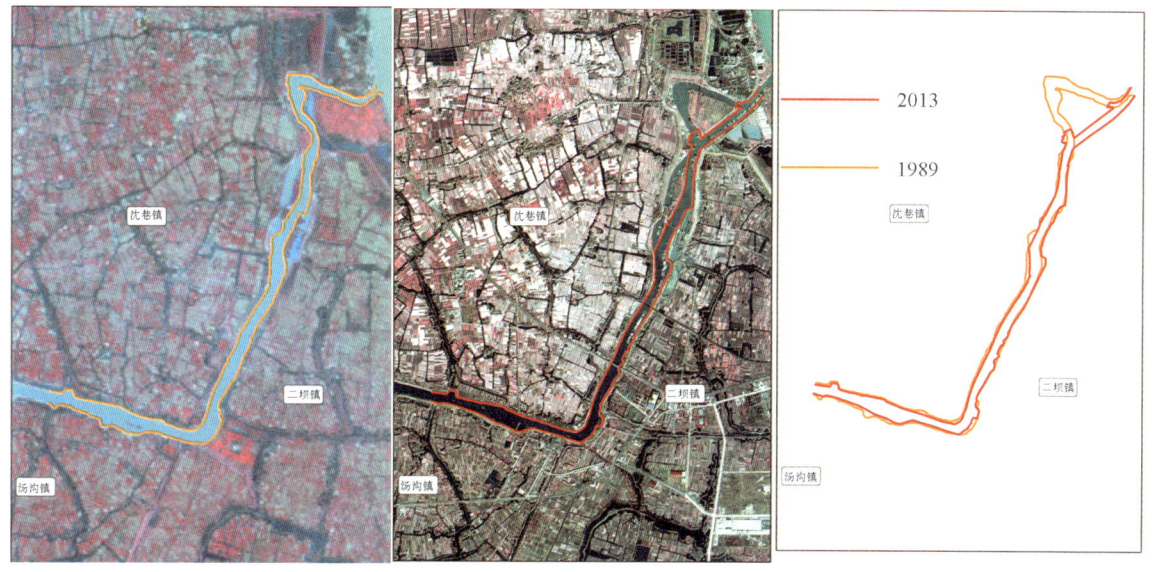

图 2-22(a) 1989年二坝镇、沈巷镇段河道

图 2-22(b) 2013年二坝镇、沈巷镇段河道

图 2-22(c) 二坝镇、沈巷镇段河道变迁

四、西河

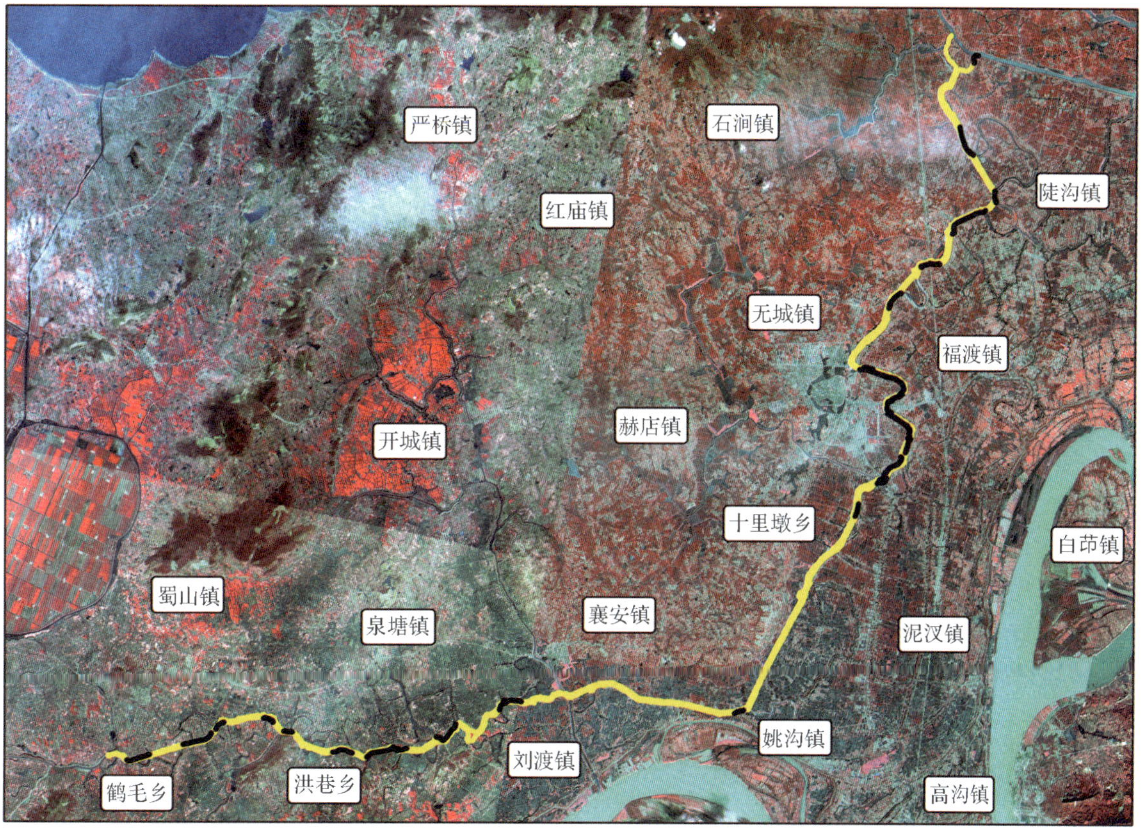

图 2-23 西河河道冲淤情况

西河为长江一级支流裕溪河右岸支流,上游河道较为稳定,无明显变迁。中下游河段河流变缓,泥沙淤积河道,人为因素影响亦较明显,河道变迁幅度较大(图2-23)。各岸段河道演变情况如下:

鹤毛乡、蜀山镇、洪巷乡段。此段河道位于河流上游,地质条件较好,河道较为稳定,无明显变迁(图2-24)。

图2-24(a) 1989年鹤毛乡、蜀山镇、洪巷乡段河道　　图2-24(b) 2013年鹤毛乡、蜀山镇、洪巷乡段河道　　图2-24(c) 鹤毛乡、蜀山镇、洪巷乡段河道变迁

洪巷乡、刘渡镇、泉塘镇段。龙泉村段范围内有一处裁弯取直,大胜村(山村)附近有一处小型裁弯取直水利工程。河流外侧(中垄村)河道拐弯处,河流中部有明显浅滩发育(图2-25)。

图2-25(a) 1989年洪巷乡、刘渡镇、泉塘镇段河道　　图2-25(b) 2013年洪巷乡、刘渡镇、泉塘镇段河道　　图2-25(c) 洪巷乡、刘渡镇、泉塘镇段河道变迁

襄安镇、刘渡镇段。沿河村段范围内有裁弯取直水利工程,长约1 500 m;凤凰颈社区、文思村段河道较为稳定,无明显变迁(图2-26)。

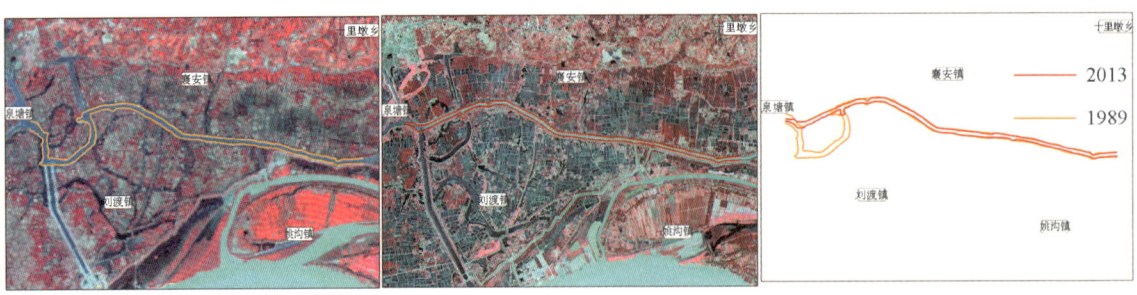

图2-26(a) 1989年襄安镇、刘渡镇段河道　　图2-26(b) 2013年襄安镇、刘渡镇段河道　　图2-26(c) 襄安镇、刘渡镇段河道变迁

姚沟镇、十里墩乡、泥汊镇段。南都村、吴大村所属河段,已被裁弯取直;在十里墩乡红桥社区和龙桥村交接部分河道左岸出现淤积,河道向内侧迁移,与此相对应的右岸岸段并没有出现明显变迁。在龙桥村内,长约 720 m 岸段经人为整治因素,河道曲度变小,并同时向右侧进行变迁(图 2-27)。

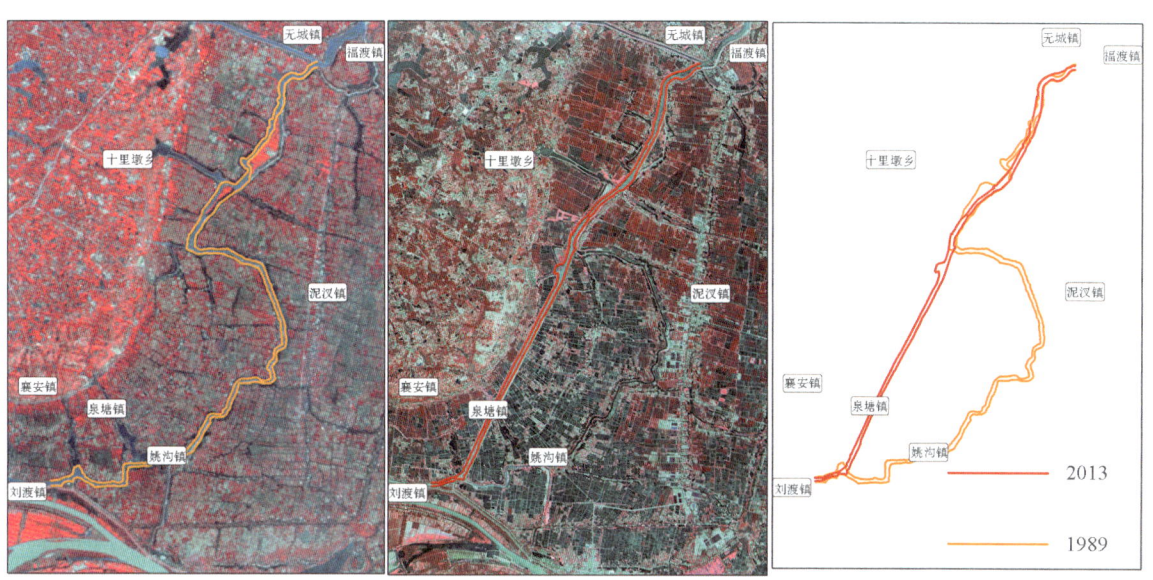

图 2-27(a) 1989 年姚沟镇、十里 　图 2-27(b) 2013 年姚沟镇、十里 　图 2-27(c) 姚沟镇、十里墩乡、
　　　　　墩乡、泥汊镇段河道 　　　　　　　　　　墩乡、泥汊镇段河道 　　　　　　　　　泥汊镇段河道变迁

无城镇、福渡镇段。凤河村、无城镇(七里村)、仓头社区、黄金坝村、张庙村、沙湾村交汇处有明显裁弯取直工程,长约 850 m(图 2-28)。

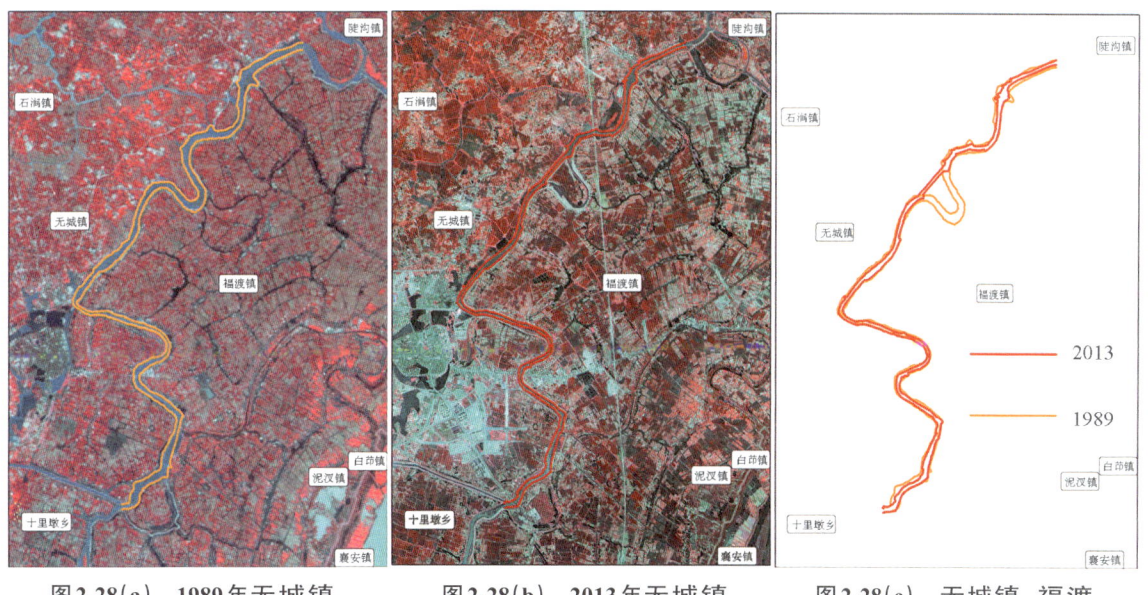

图 2-28(a) 1989 年无城镇、 　　图 2-28(b) 2013 年无城镇、 　　图 2-28(c) 无城镇、福渡
　　　　　福渡镇段河道 　　　　　　　　　　　福渡镇段河道 　　　　　　　　　　镇段河道变迁

无城镇、陡沟镇段。河道位于西河下游,受水工建筑工程影响明显,在无城镇圣嘴村河段有裁弯取直,长约 800 m;圣嘴村、黄闸村、陡沟镇河道有裁弯取直,长约 1 800 m。在其他部分岸段也出现了大规模的淤积现象,但是幅度不大(图 2-29)。

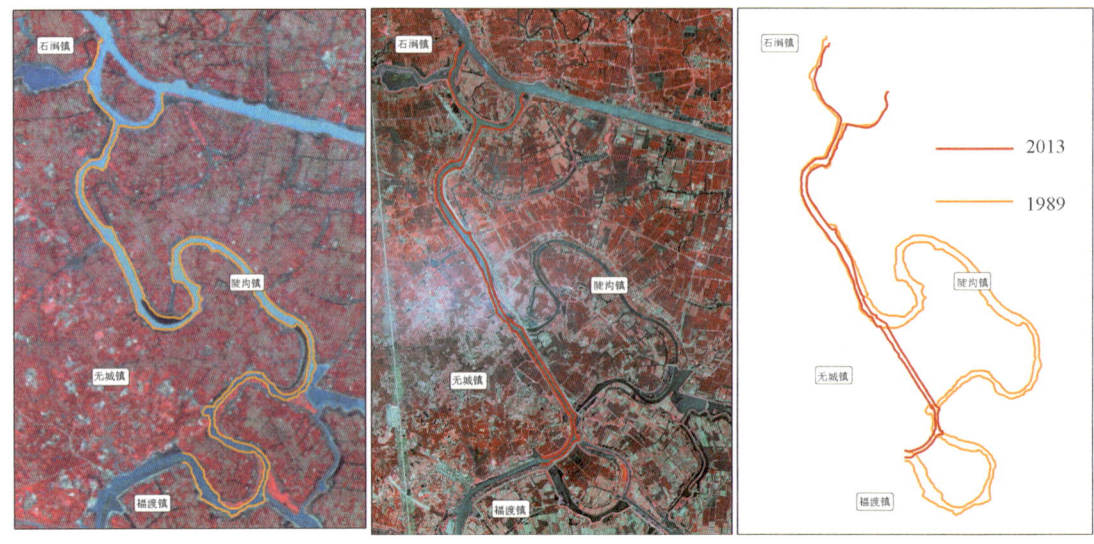

图 2-29(a) 1989 年无城镇、陡沟镇段河道

图 2-29(b) 2013 年无城镇、陡沟镇段河道

图 2-29(c) 无城镇、陡沟镇段河道变迁

五、青弋江

上游的弋江镇段河道较为稳定,从红杨镇段开始,河道淤积现象明显增多。在下游的陶辛镇、方村街道、六郎镇淤积的河道较多(图 2-30)。各岸段河道演变情况如下:

弋江镇、红杨镇段。青弋江上游左岸弋江镇段(东河村)除几个拐弯处有些淤积外展现象,河势整体较为稳定。右岸红杨镇基本不变,左岸红杨镇范围的沈公村、万寿村河段河势基本稳定(图 2-31)。

红杨镇、许镇镇段。许镇镇段整体稳定,上游郑潭村段有明显的淤积伴有浅滩发育;右岸的红杨镇兴塘村段也有两处明显冲刷岸段,2013 年河岸较 1989 年明显后退。红杨镇范围内其余河段无明显变化(图 2-32)。

红杨镇、湾沚镇段。此岸段长度较短,在红杨镇东定村有部分岸段出现崩塌,其余岸段较为稳定,无明显的崩塌或者淤积情况发生(图 2-33)。

陶辛镇、湾沚镇段。此岸段左岸在定丰村出现部分岸段的淤积情况,湾沚镇的新圩村、罗保村部分岸段出现崩塌现象,2013 年河道向河流外侧进行变迁。其余岸段河道比较稳定,无明显变迁现象(图 2-34)。

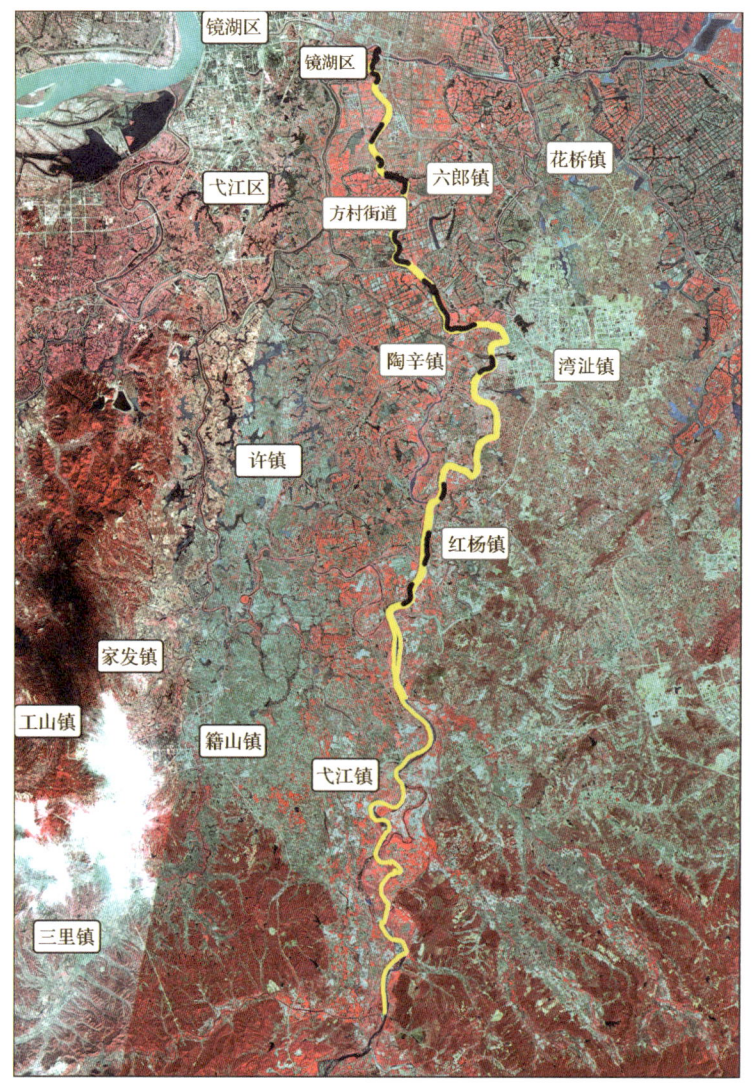

图 2-30 青弋江河道冲淤情况

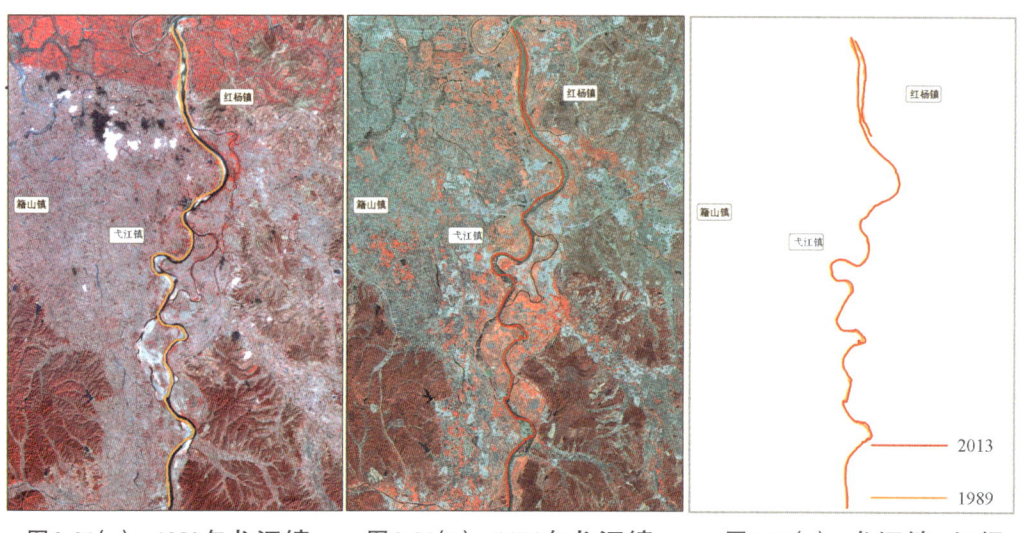

图 2-31(a) 1989年弋江镇、红杨镇段河道

图 2-31(b) 2013年弋江镇、红杨镇段河道

图 2-31(c) 弋江镇、红杨镇段河道变迁

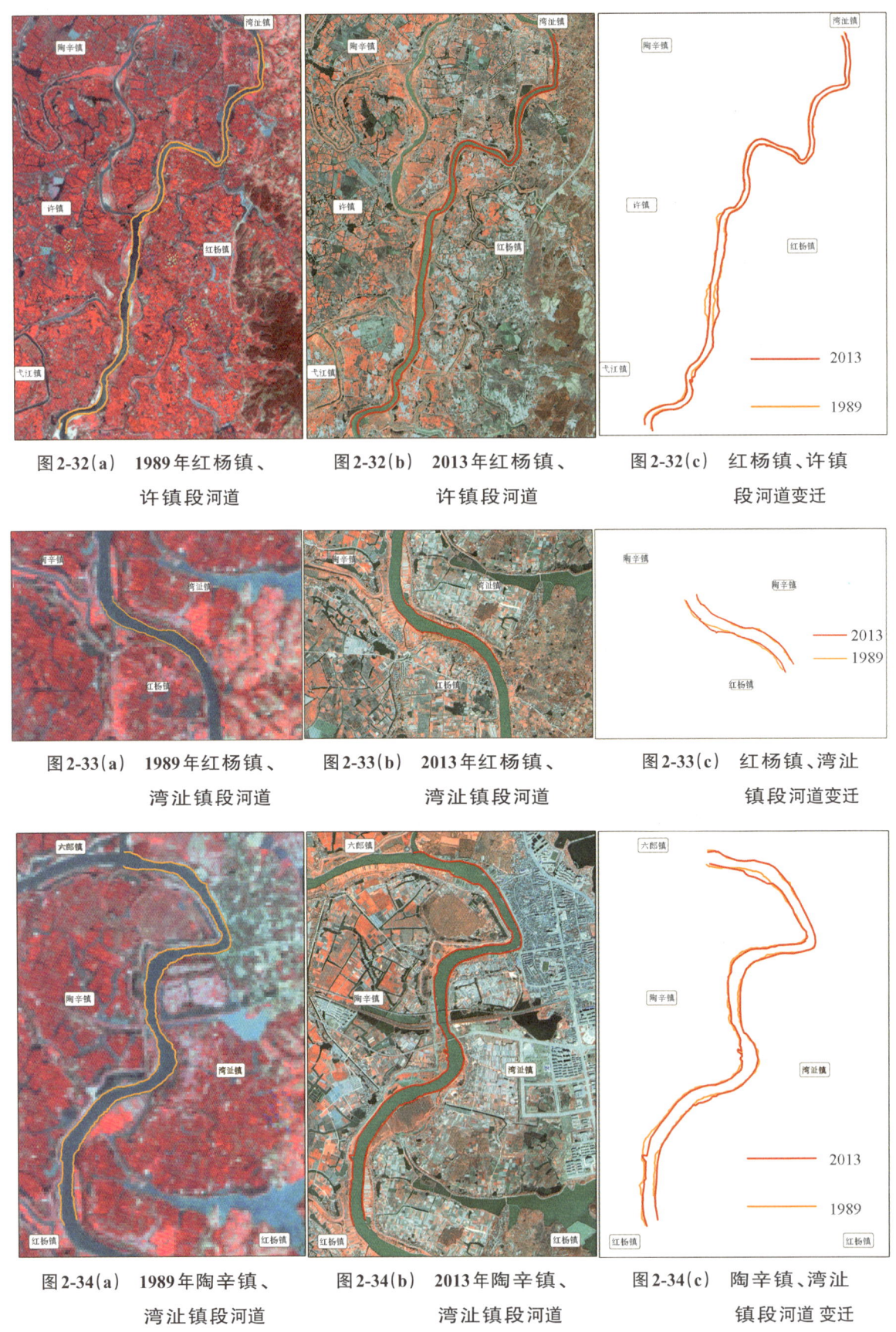

图 2-32(a) 1989年红杨镇、许镇段河道   图 2-32(b) 2013年红杨镇、许镇段河道   图 2-32(c) 红杨镇、许镇段河道变迁

图 2-33(a) 1989年红杨镇、湾沚镇段河道   图 2-33(b) 2013年红杨镇、湾沚镇段河道   图 2-33(c) 红杨镇、湾沚镇段河道变迁

图 2-34(a) 1989年陶辛镇、湾沚镇段河道   图 2-34(b) 2013年陶辛镇、湾沚镇段河道   图 2-34(c) 陶辛镇、湾沚镇段河道变迁

六郎镇、陶辛镇段。左岸陶辛镇除承村段有部分微淤外,其余均稳定;右岸湾沚镇段内南陵县县城城区段河道明显顺直,河势变化不明显(图2-35)。

图2-35(a) 1989年六郎镇、陶辛镇段河道　　图2-35(b) 2013年六郎镇、陶辛镇段河道　　图2-35(c) 六郎镇、陶辛镇段河道变迁

方村街道、六郎镇段。方村街道的行春村段及右岸的六郎镇河东村段均有几处淤积现象,河道明显变窄;方村街道旗杆村与政和村邻接处附近有淤积;六郎镇保丰村段和政和村交接地带明显淤涨,河道变窄。方村街道合心村微淤,六郎镇万锹村河段有淤积(图2-36)。

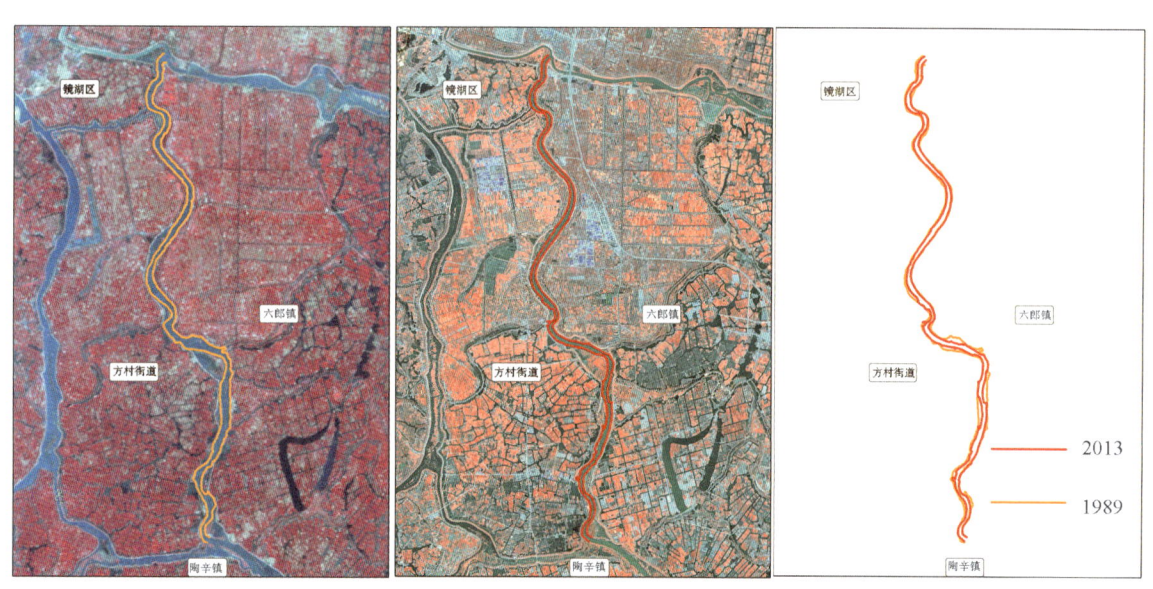

图2-36(a) 1989年方村街道、六郎镇段河道　　图2-36(b) 2013年方村街道、六郎镇段河道　　图2-36(c) 方村街道、六郎镇段河道变迁

六、青山河

青山河左岸处于芜湖市鸠江区境内,沿岸经济基础条件较好,受人为因素影响较大,1998年长江大洪水后,堤坝防洪标准较高,水工建筑较多,河岸多抛石护岸,河道整体较为稳定(图2-37)。各岸段河道演变情况如下:

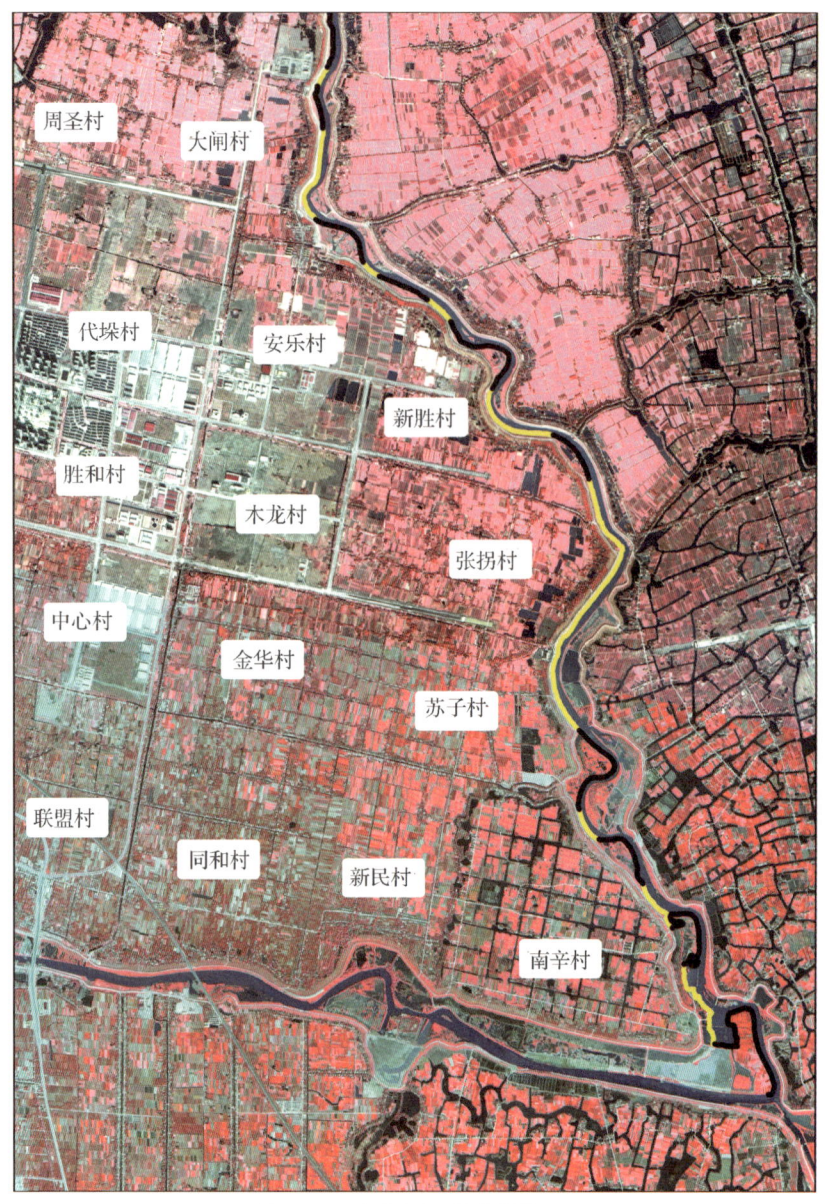

图 2-37　青山河河道冲淤情况

张拐村、苏子村、南辛村段。1989 年及 2013 年影像上均显示出青山河在张拐村、苏子村段河势没有明显变化,在南辛村与苏子村交接岸段处出现河道淤积情况,在南辛村东南部,青山河与芜申运河交接处有明显淤积,河道不稳定,变迁情况较为复杂(图 2-38)。

大闸村、安乐村、新胜村段。大闸村段河道无明显变动,较为稳定。在大闸村与安乐村交界往上 600 余米处有淤积。新胜村村界中部有明显外淤现象,河道内洲滩分布较为复杂(图 2-39)。

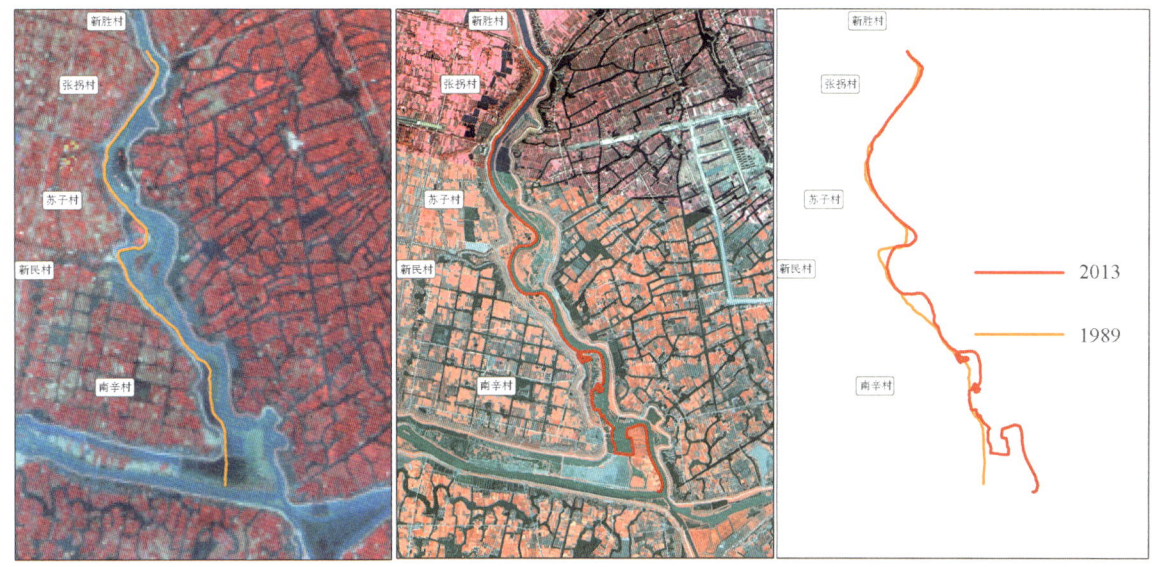

图2-38(a) 1989年张拐村、苏子村、南辛村段河道
图2-38(b) 2013年张拐村、苏子村、南辛村段河道
图2-38(c) 张拐村、苏子村、南辛村段河道变迁

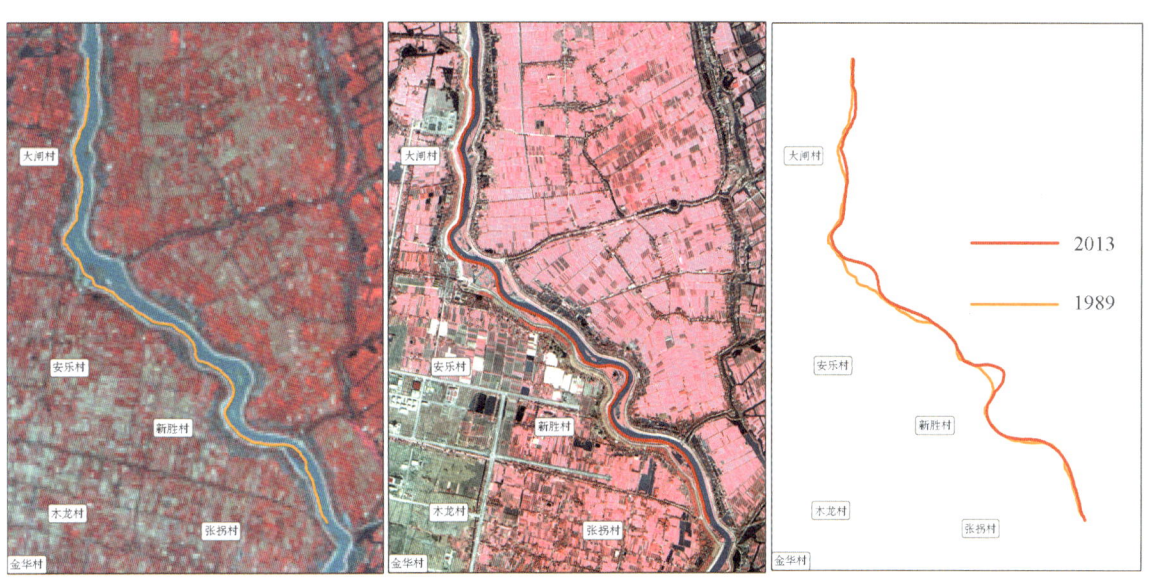

图2-39(a) 1989年大闸村、安乐村、新胜村段河道
图2-39(b) 2013年大闸村、安乐村、新胜村段河道
图2-39(c) 大闸村、安乐村、新胜村段河道变迁

七、青弋江分洪道

青弋江分洪道大部分借用天然河道，有疏浚工程。部分岸段有开挖工程，如太丰圩马元闸—李村闸，埭南圩荆山河闸—房周闸，石硊圩上（图2-40）。

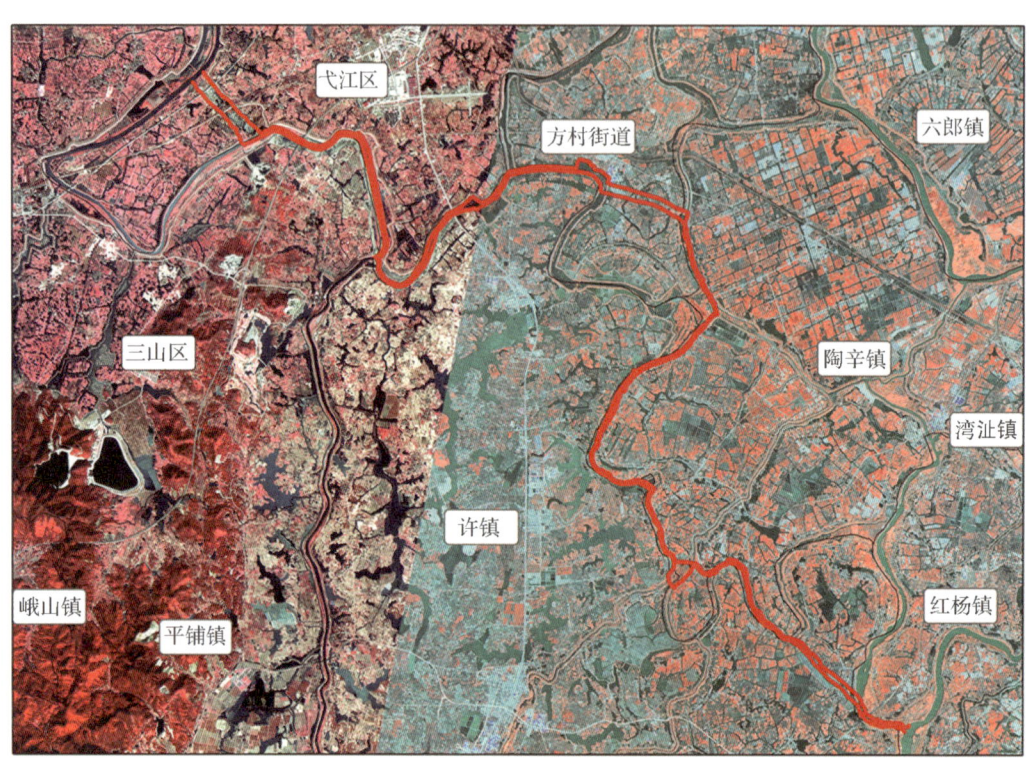

图 2-40　青弋江分洪道冲淤情况

第三节　支流岸线开发利用现状

芜湖内河岸线开发利用现状与问题主要表现在以下几方面:

一、岸线利用以水利设施为主,经济服务功能有待进一步强化

截至 2013 年,研究区范围内的内河岸线共有各类水工设施 544 个,如表 2-1 所示,其中泵站 246 个(图 2-41),取水口 167 个,每千米岸线的水工设施密度达到 0.9 个/km,取、排水口密度达到 0.3 个/km(图 2-42)。从不同河流的开发情况看,西河每千米岸线的水工设施密度达到 1.29 个/km,青山河为 1.2 个/km,裕溪河为 1.04 个/km。总体看来,内河岸线功能开发过于单一,内河港口码头、城镇生活等在内河岸线利用少,等级航道水运优势发挥不明显。

表 2-1　芜湖内河岸线主要水工设施统计

河流名称	水闸	泵站	取水口	水源地	排污口
漳河	8	84	11	8	9
芜申运河	2	2	5	0	0
裕溪河	16	25	23	3	0
西河	32	59	98	10	2
青山河	1	5	2	3	9
青弋江	5	71	28	23	0

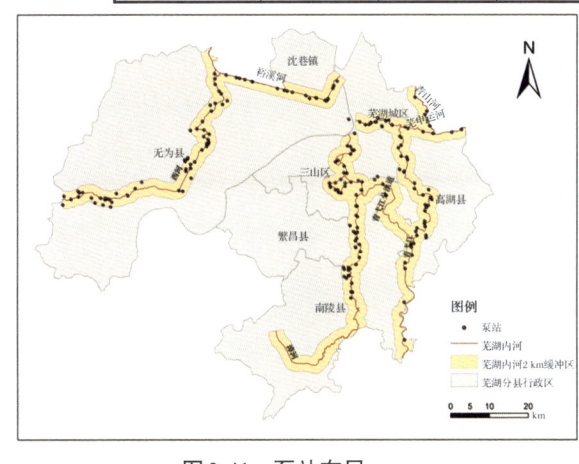

图 2-41　泵站布局

图 2-42　水闸布局

二、一、二级岸线占用较为明显,岸线功能开发缺乏统筹

从已有设施布局情况看,一、二级岸线占用较为明显,一级岸线中布局的水工设施占9.8%,二级岸线占51.8%。如永安桥水闸上游250 m——芜申运河入长江口岸段、铁路桥以东400 m——芜申运河入长江口岸段开发利用强度已经很高,并且岸段内布局了袁泽桥水闸排污口、津桥水闸排污口、铁桥排灌站排污口、小星坝排灌站排污口等,功能较为混杂,影响岸线集约利用水平。

三、取水口布局较为散乱,内河岸线多功能开发压力较大

研究范围内的芜湖内河共布局167个取水口(图2-43),其中城乡供水取水口46个,其中青弋江有15个,西河有15个,水源地47个(图2-44)。饮用水源取水口布局过多,一方面增加了取水口保护的难度;另一方面,过多的取水口也制约了岸线其他功能的开发利用。

表2-2 现状饮用水源取水口统计

河流名称	城乡供水取水口个数	取水乡镇名称	城乡供水取水口个数
青山河	3	万春街道办事处	2
		清水街道	1
青弋江	15	弋江镇	4
		湾沚镇	1
		方村街道	2
		陶辛镇	1
		红杨镇	3
		六郎镇	4
芜申运河	2		1
		荆山街道	1
漳河	7	许镇镇	1
		三里镇	2
		平铺镇	1
		籍山镇	2
		峨桥镇	1

续表 2-2

河流名称	饮用水源取水口个数	取水乡镇名称	饮用水源取水口个数
裕溪河	4	汤沟镇	1
		无为经济开发区	1
		陡沟镇	2
西河	15		1
		无城镇	2
		蜀山镇	5
		十里墩乡	1
		泥汊镇	2
		洪巷乡	1
		福渡镇	3

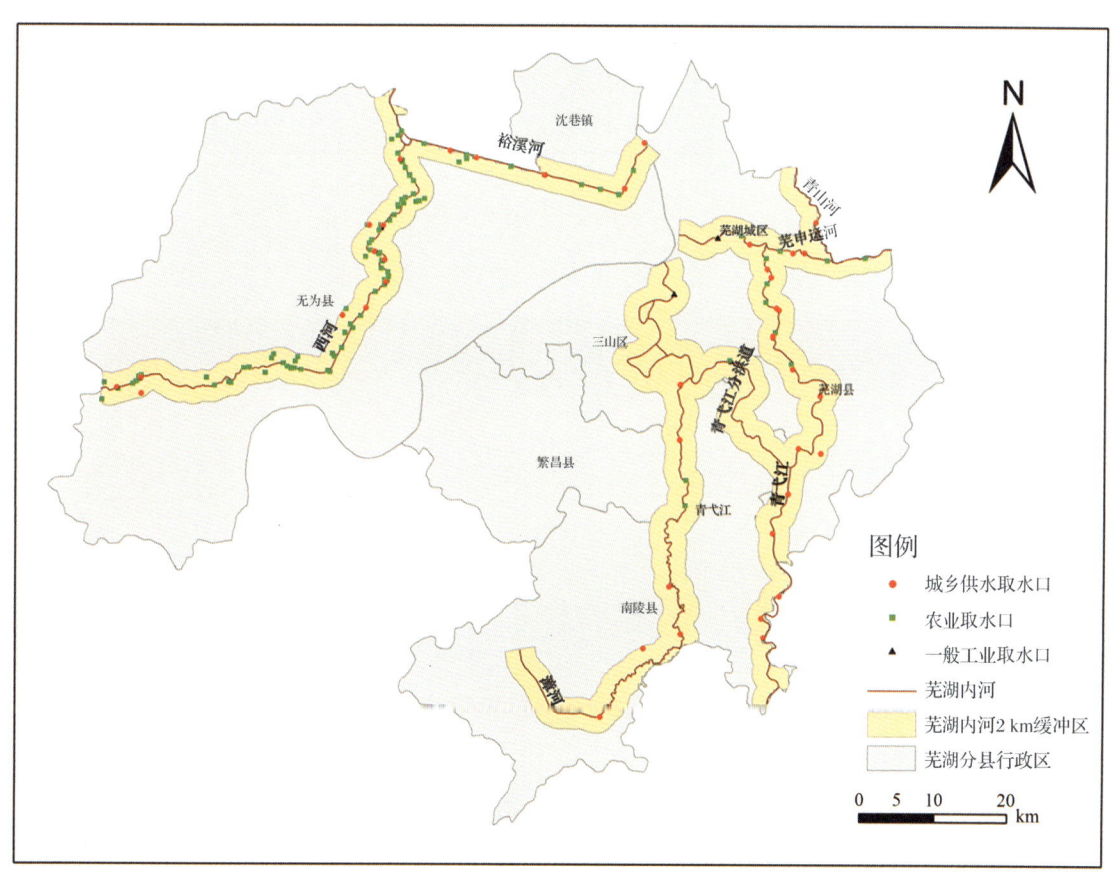

图 2-43 取水口布局

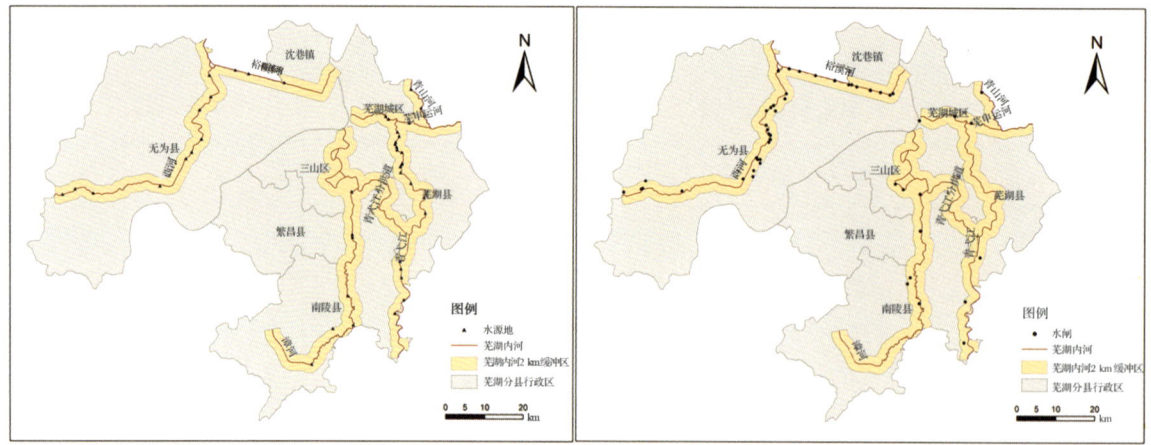

图 2-44 水源地布局　　　　　　图 2-45 排污口布局

第三章 后方陆域开发与保护需求分析

第一节 保护需求分析
第二节 开发需求分析

岸线后方陆域的开发与保护需求是分析岸线功能类型划分的重要依据,主要评价产业与城镇开发和生态保护适宜性的空间差异(表3-1)。参考开发适宜性评价相关研究,结合芜湖市的本地实际,着重选择自然、经济社会等方面要素进行评价。自然因素主要考虑生态、灾害等,经济社会方面主要考察交通区位、空间规划引导等因素。自然因素以自然边界为评价单元、社会经济因素以网格为分析单元,以500 m×500 m网格为基本空间单元进行指标汇总,综合加权分析。评价范围包括西河、裕溪河、漳河、青山河、芜申运河、青弋江和青弋江分洪道等河道两侧2 km范围,总面积约1 274 km²,共计5 588个单元。

表3-1 陆域开发与保护需求评价指标体系

类型	指标	意义	计算方法
保护需求	生态重要性	表征地区在水源涵养、水土保持、生境保护、生物多样性维护、灾害防御等方面功能的重要性程度	自然保护区、森林公园和水源涵养区等重要生态功能保护区域分布及面积比重
保护需求	灾害易损性	反映区域发生各种灾害的可能性以及灾后修复成本大小	崩塌滑坡、软土、膨胀土、低洼地等易损区分布与面积比重
开发需求	交通可达性	反映区域到重要节点的交通便捷程度	由到市中心、县城以及高速互通口等节点的最短交通可达时间加权综合评判
开发需求	空间规划预期	表征产业和城镇规划空间开发引导强度的高低	产业和城镇规划空间占网格单元的面积比重

第一节 保护需求分析

生态重要性。根据生态服务功能重要性程度差异将自然保护区、森林公园和河流上游水源涵养区等划分为极重要和重要两类（图3-1），加权计算两类区域的面积比重，可得各网格的生态重要性指数（图3-2）。西河中游、漳河上游、青弋江分洪道上游和青弋江中下游两岸地区，扬子鳄、胭脂鱼等珍稀动植物自然保护区分布集中；漳河上游、西河上游河段两岸森林公园面积较广，植物覆盖度较高、植物类型丰富；裕溪河上游两岸、西河上游以及漳河中游西岸地区河流水

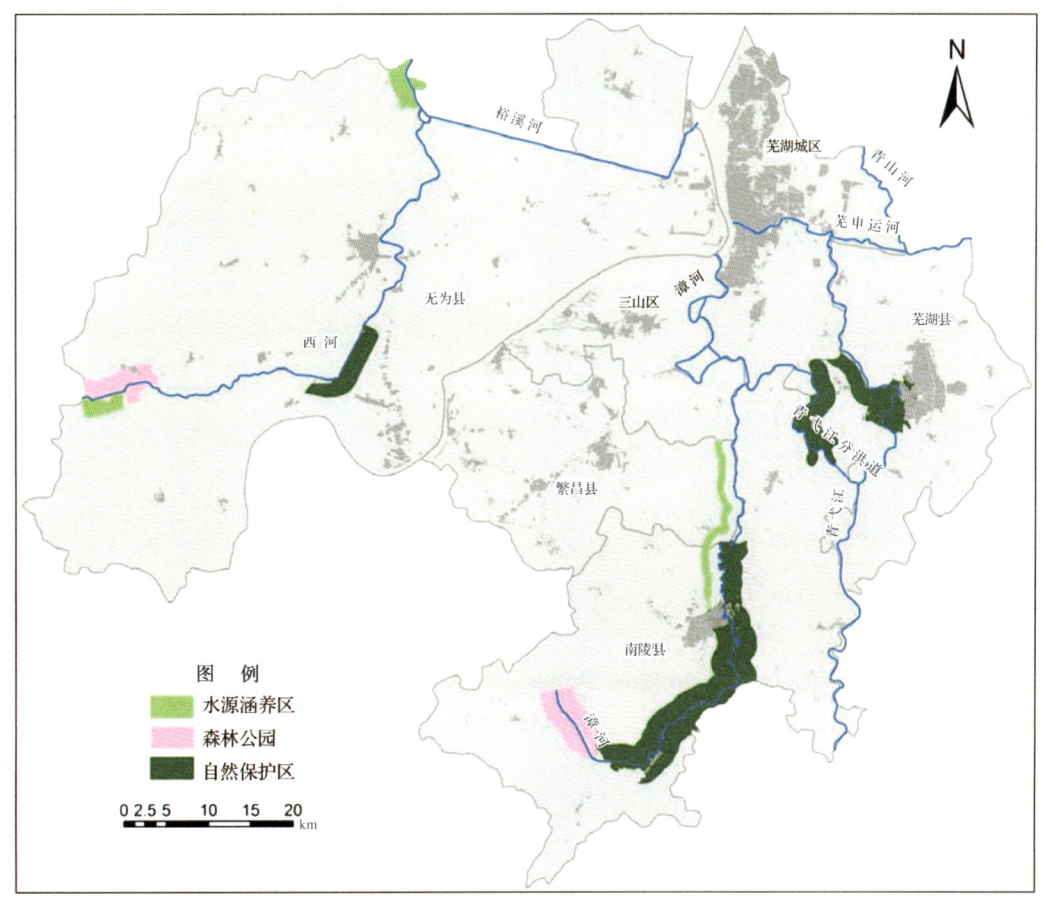

图3-1 重要生态功能区

源涵养区面积较大,生态重要性强;其他河段两岸距离各类生态保护区较远,生态重要性相对较弱。

灾害易损性。综合考虑软土、膨胀土、滑坡、崩塌等本地灾害易损因子(图3-3),开展加权综合评价(图3-4)。漳河上游段地形较为起伏,坡度较大,开发活动导致崩塌、滑坡等灾害发生的风险较高;裕溪河、漳河下游两岸地区软土和膨胀土分布较为连续,大规模开发建设的约束性较强;西河两岸、青弋江下游两岸、芜申运河下游、青山河下游地区软土分布集中,地基土承载条件较差,开发建设成本也较高;其他河段两岸地区的各类地质灾害分布较少,风险较小。

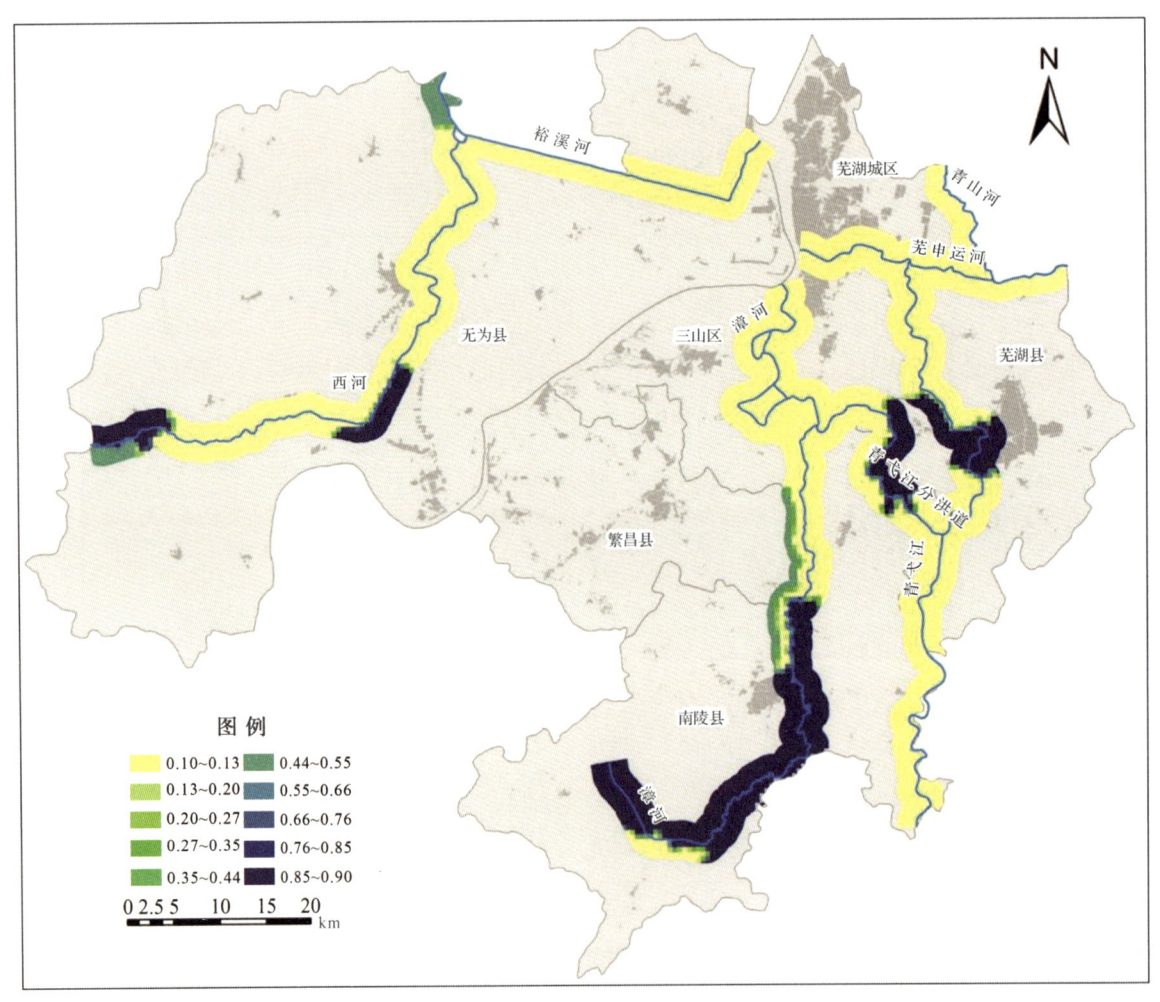

图3-2 生态重要性

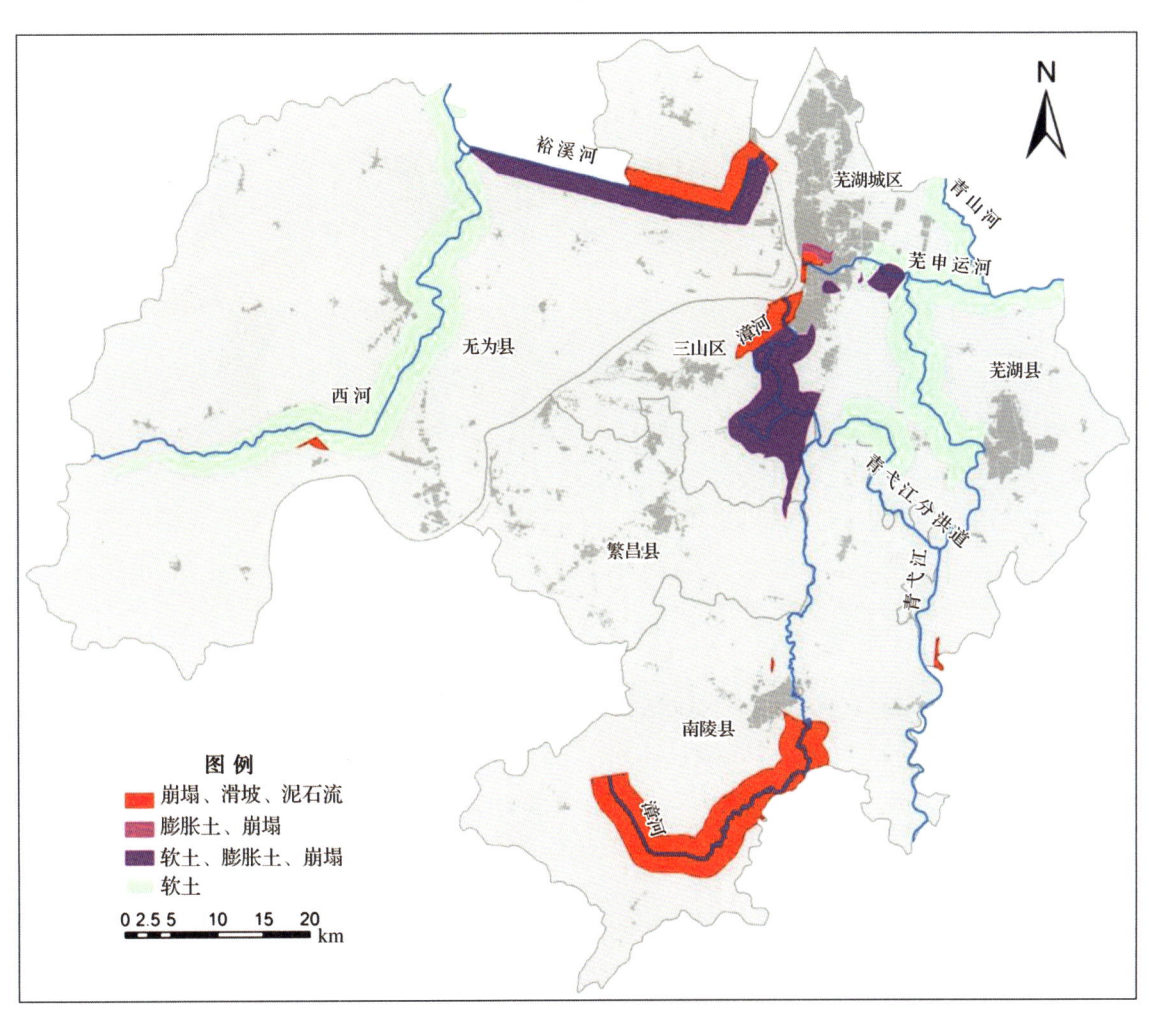

图3-3 地质灾害分布

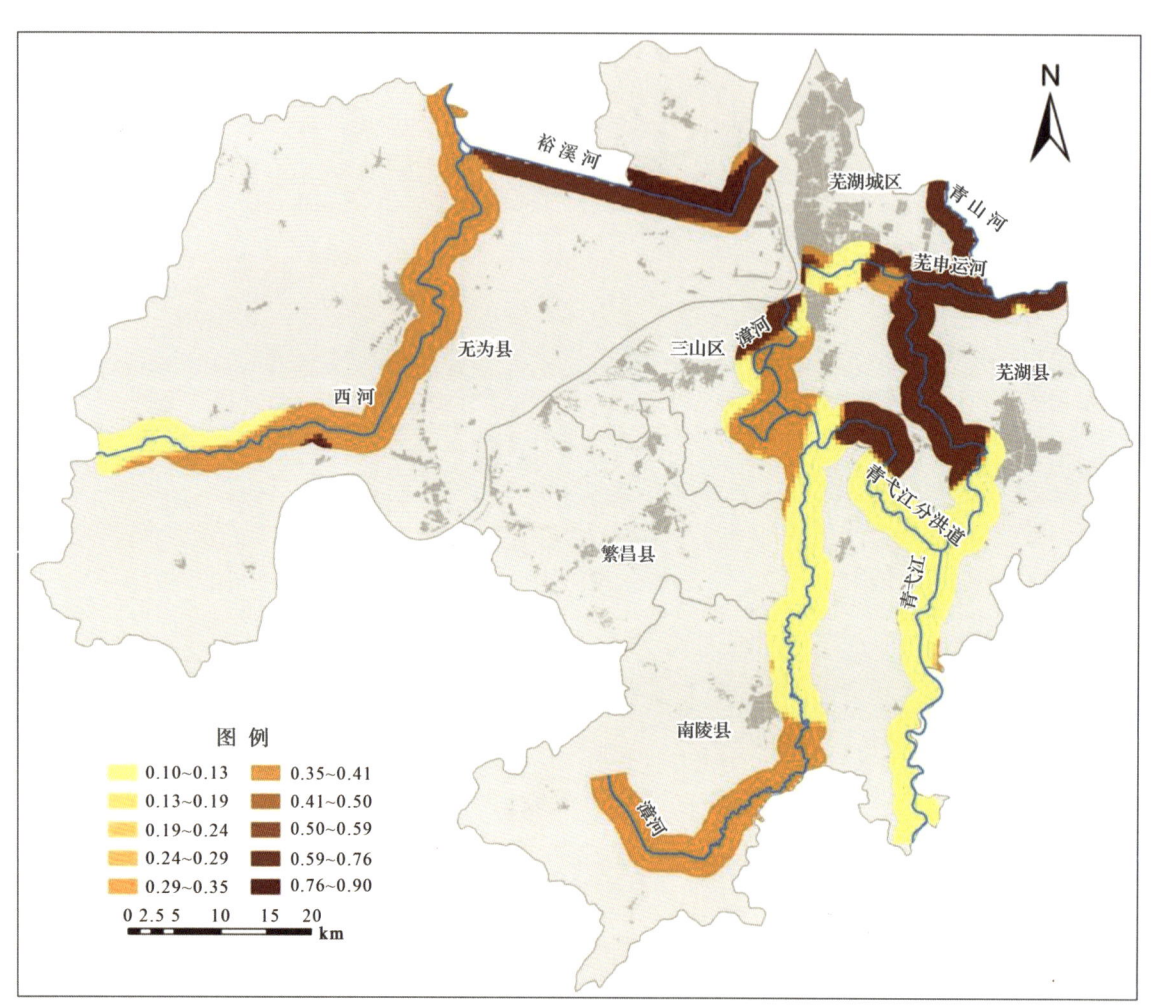

图3-4 灾害易损性

第二节 开发需求分析

交通可达性。包括城市中心、高速互通口等重要节点的交通可达性,城市中心交通可达性包括到中心城区(芜湖市中心)、各县城区(江北新城、龙湖新城以及其他县城区)的交通可达性,重要节点交通可达性指高速公路互通口的交通可达性。各类节点的交通可达性加权求和可得综合交通可达性指数,西河中游、漳河中下游、芜申运河上游、青弋江中下游等地两岸大部分区域至城区的交通可达时间在20分钟以内(图3-5),至高速互通的通达时间在10分钟以内(图3-6),交通条件良好、对外联系便捷,有利于各类生产、生活要素聚散,促进产业与城镇开发活动开展,吸引人口和经济活动集聚;其他区域交通可达性相对较差,距城区的交通通达时间多超过40分钟,离高速互通口的通达时间多高于20分钟。

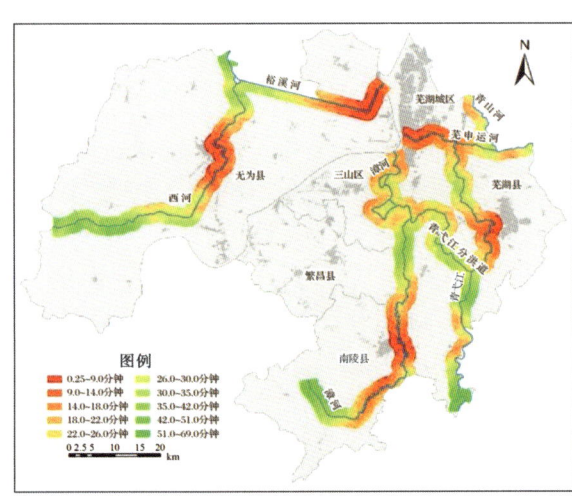
图3-5 城区可达性

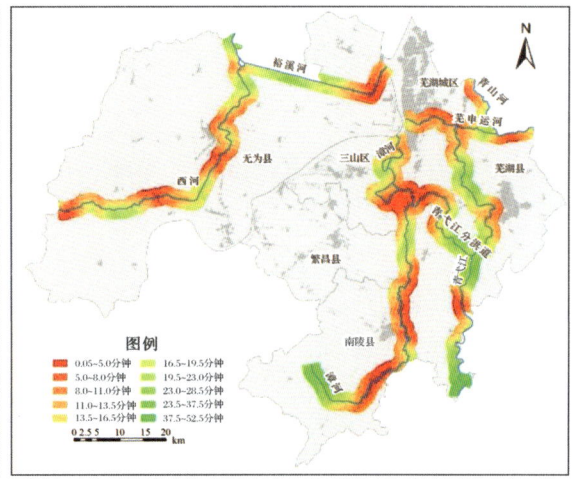
图3-6 高速互通口可达性

规划空间引导。以规划的工业和城镇开发区域土地面积比例表征,比例越高,产业和城镇开发可能性越大,相反则越低(图3-7)。西河中游邻近无为县城,裕溪河下游接近规划的江北新城,芜申运河下游和漳河下游靠近芜湖中心城区,漳河中上游和青弋江中游邻近南陵和芜湖县城,受城市空间扩展的影响,可以预期这些区域开展大规模产业城镇开发的概率相对较高,其他区域的开发可能性相对较小(图3-8)。

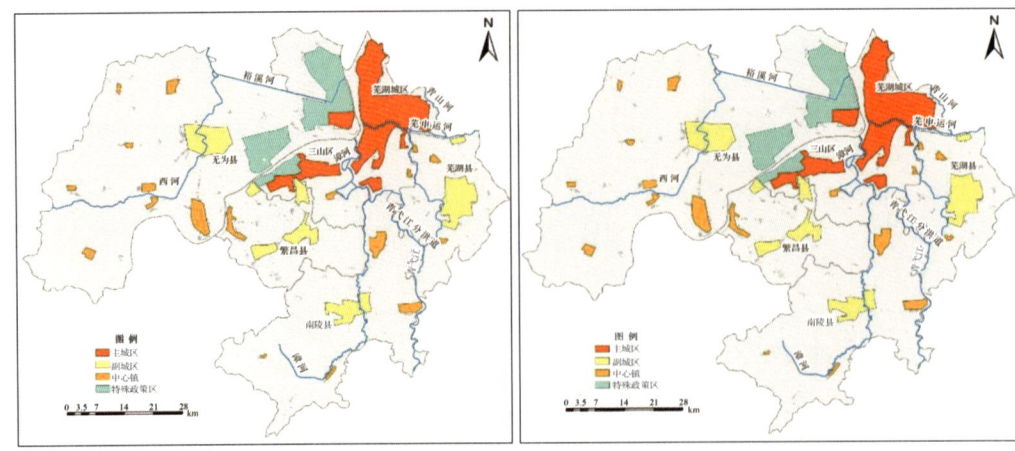

图3-7 规划产业城镇空间分布　　　　　图3-8 规划预期影响强度

陆域后方开发适宜性。综合生态重要性、灾害易损性、交通可达性和空间规划预期等指标,通过加权求和,获取陆域后方开发适宜性的综合指数(图3-9)。总体上,西河中游、裕溪河下游、芜申运河上游、漳河下游两岸地区开发适宜性最好。西河上游、漳河上游、裕溪河上游、青弋江中下游部分地区生态服务功能重要,次生地质灾害风险较高,环境较为敏感,交通条件相对较差,开发适宜性较低,不宜进行高强度的开发建设活动。

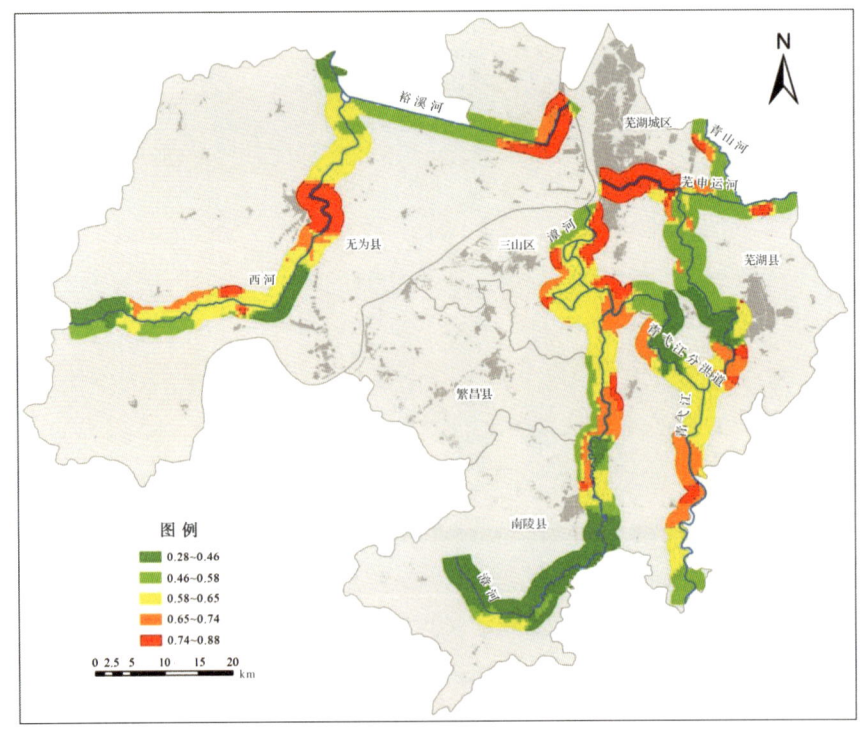

图3-9 内河陆域后方开发适宜性

第四章 内河岸线资源综合评价

第一节 评价指标与标准

第二节 评价结果

第一节 评价指标与标准

岸线前沿水深、岸线稳定性、岸前航道水域宽度、后方陆域情况是评判岸线资源条件的重要指标。就内河岸线而言,岸线前沿水深主要受内河航道等级影响,岸前航道水域宽度主要与堤间宽度有关,而岸线稳定性突出反映在岸线稳定性变迁。基于此,结合前面内河后方陆域开发适宜性的分析,选择航道等级与堤间宽度、陆域后方开发适宜性等级、岸线稳定性等指标,对芜湖市内河岸线资源条件进行评价(表4-1)。

表4-1 芜湖内河岸线资源评价指标与标准

指标		分等依据	等级
航道等级堤间宽度	Ⅱ级航道	堤间宽度≥255 m	1
		堤间宽度<255 m	2
	Ⅲ级航道	堤间宽度≥200 m	1
		堤间宽度<200 m	2
	Ⅳ级航道	堤间宽度≥160 m	1
		堤间宽度<160 m	2
	Ⅴ级航道	堤间宽度≥140 m	1
		堤间宽度<140 m	2
陆域后方开发适宜性等级		适宜性综合指数在0.69~0.88	1
		适宜性综合指数在0.49~0.69	2
		适宜性综合指数在0.28~0.49	3
岸线稳定性		基本稳定	1
		微淤	2
		冲刷	3

堤间宽度计算方法:2倍船长+3倍船宽+30 m(取整)。其中Ⅱ级航道船长取90 m,船宽取15.4 m;Ⅲ级航道船长取67.5 m,船宽取10.8 m;Ⅳ级航道船长取55 m,船宽取7.3 m;Ⅴ级航道船长取45 m,船宽取7.3 m。

岸线综合等级共分为四级,按如下方法判定:

一级岸线是堤间宽度等级、陆域后方开发适宜性等级、岸线稳定性等级都为1级的岸线,适宜综合性开发(表4-2)。

二级岸线是堤间宽度等级为1级,而陆域后方开发适宜性等级、岸线稳定性等级中至少有一个为2级但都不为3级的岸线。

三级岸线是堤间宽度等级为1级,岸线稳定性等级至少为2级,而陆域后方开发适宜性等级为3级的岸线。

四级岸线是堤间宽度为2级或者岸线稳定性为3级的岸段。

表4-2 堤间宽度为1级时岸线综合等级的判定方法

岸线综合等级		陆域后方开发适宜性等级		
		1	2	3
稳定性等级	1	一	二	三
	2	二	二	三
	3	四	四	四

第二节 评价结果

根据上述评价指标与标准以及岸线综合等级判定方法，通过计算得到芜湖内河岸线综合等级结果（表4-3）。

一级岸线。长46.4 km，占6.5%。主要分布在芜申运河左、右岸的芜湖市景康建材有限公司—宁安城际铁路桥上游800 m（各2.6 km）；青弋江左岸的弋江大桥以下150 m—沈公村沈公站闸下游约400 m（12.4 km），漳河右岸的塔影村段中游—入江口（7.2 km，与青弋江分洪道重叠）；漳河左岸的籍山镇镇区北龙门站闸—联城村、仓溪村交界处（3.8 km）；裕溪河右岸的黄马村、三汊河社区交界处—汤沟镇黄马村马家渡（4.9 km），观寺港闸站下游1.1 km—雍南社区大庄（0.7 km），裕溪闸上游界—裕溪河港下游界（1.6 km），裕溪河左岸的黄庄村与雍镇社区交界处下游750 m—沈巷镇雍镇社区大埂村（0.8 km），铁路桥下游900 m—裕溪河港下游界（2 km）；西河右岸的马口站泵站—福渡镇马口村（1.6 km），王福村红旗斗门下游约1 km处—沙湾村中游黄湾斗门处（3 km），西河左岸的王福村红旗斗门下游约1 km处—沙湾村中游处黄湾斗门处（3.2 km）。

二级岸线。长301.5 km，占42.1%。主要分布在芜申运河右岸的青山河、芜申运河交汇处—新民村、同和村交界处（5.8 km），芜宣高速上游1 km处—清水村段中游（5 km），芜申运河左岸的城东村沟口站闸上游250 m处—花桥镇王埠（0.9 km），城西村高涵渡口上游约580 m—永丰村段中游处（8.7 km），清水河桥上游800 m—北埂斗门站以西约300 m（5 km）；青弋江右岸的上游界（寒亭河）—罗公村、兴塘村交界处（6.8 km），月湾村段中游处—芜申运河入口（41.5 km），青弋江左岸的沈公村沈公站闸下游约400 m—东定村段中游（16.8 km），芮村村、行春村交界处—芜申运河入口（16.8 km）；漳河右岸的籍山镇镇区北龙门站闸—联城村、仓溪村交界处（3.8 km），仓溪村、马仁村交界处—丁塘村丁塘邓官塘（14.3 km），丁塘村、东胜村交界处—塔影村坝上（18.8 km，有14.2 km与青弋江分洪道重叠），青弋江分洪道连河圩下游节点—塔影村段中游（1 km，与青弋江分洪道重叠），漳河左岸的花园村、佘家村—新牌村肇埠（3.3 km），仓溪村、马仁村交界处—三山区蛴保村施家村(14.2 km),蛴保村黄公渡站闸—青弋江分洪道连河圩段上游节点(16.8 km,有2 km与青弋江分洪道重叠),弋江区连河村连河圩杨木村—塔影村坝上对岸(1.3 km,与青弋江分洪道重叠),青弋江分洪道连河圩段下游节点—入江口(8.3 km,与青弋江分洪道重叠);青山河左岸与芜申运河交汇处—鸠江区张拐街道振兴村(7.5 km),鸠江区新胜村万春西路上游250 m—新胜村与安乐村交界线上游800 m处(1.5 km),新胜村与安乐村交界线上游150 m处—鸠江区大闸村大闸渡下游300 m(1.7 km);裕溪河右岸的无为陡沟镇刘东村冯巷—田桥村、周家村(0.8 km),三汊河—黄马村、三汊河社区交界处(3.3 km),裕溪河左岸的上游界—沈巷镇黄庄村前河与赵埂中间(8.5 km);西河右岸的凤凰颈社区闸口村—凤凰颈闸下游2 km处(3.4 km),水溪渡站上游1.5 km处—马口站泵站(8.9 km),福渡镇马口村—王福村红旗斗门下游约1 km处(4 km),沙湾村叶家渡—圣家咀(8.6 km),龚村黄田河入西河处—西河村三河(4.1 km),西河左岸的永安河口四河桥上游300 m—襄安镇文思村团墩(0.9 km),三河村大王庙凤凰颈闸上游1.2 km处—王福村红旗斗门下游约1 km处(25.9 km),无为无城凤河小学—圣嘴村小墩子(8.9 km),黄闸村花家堡—黄雒社区琵琶庄(4.1 km);青弋江分洪道右岸的青弋江口—许镇马元村(2.3 km),埭南圩荆山河黄潭泵站—镜湖区方村、袁家村南河流拐点(3.4 km),弋江区牌坊村大新发—三埠管(4.7 km),青弋江分洪道左岸的青弋江口—许镇马元村(2.2 km),埭南圩荆山河黄潭泵站—许镇奎湖村高屋基八亩塘(3 km),G205国道上游1 250 m许镇奎湖村叶家—三埠管(4.7 km)。

三级岸线。长44.8 km,占6.2%。主要分布在青弋江左岸的东定村段中游—芮村村、行春村交界处(17.1 km);漳河右岸的联城村、仓溪村交界处—仓溪村和平与江村中间(6.7 km);裕溪河右岸的上游界—后河与裕溪河交汇处王山斗门附近(2.4 km);西河右岸的凤凰颈闸下游2 km处—水溪渡站上游1.5 km处(8.4 km);青弋江分洪道右岸的许镇马元村—上潮河白塘湖泵站(1.6 km),陶辛镇友谊村、强村—陶辛镇石桥村黄园(2.9 km),陶辛镇四门村钱庄下游300 m—埭南圩荆山河黄潭泵站(0.7 km),青弋江分洪道左岸的许镇马元村—上潮河白塘湖泵站(1.7 km),许镇高桥村殷家嘴—镜湖区方村、王埂村黄潭(2.7 km),陶辛镇四门村钱庄下游300 m对岸—埭南圩荆山河黄潭泵站(0.7 km)。

其余为**四级岸线**,长324.2 km,占45.2%。

表 4-3 岸线资源评价统计表(单位:km,%)

河流名称	左右岸	总长度	一级岸线 长度	一级岸线 占比	二级岸线 长度	二级岸线 占比	三级岸线 长度	三级岸线 占比	四级岸线 长度	四级岸线 占比
芜申运河	右岸	23.4	2.6	11.1	10.8	46.2	0	0	10	42.7
芜申运河	左岸	32.5	2.6	8	14.6	44.9	0	0	15.3	47.1
青弋江	右岸	57.2	0	0	48.3	84.4	0	0	8.9	15.6
青弋江	左岸	87.5	12.4	14.2	33.6	38.4	17.1	19.5	24.4	27.9
漳河	右岸	110.6	7.2	6.5	37.9	34.3	6.7	6.1	58.8	53.1
漳河	左岸	110.4	3.8	3.4	43.9	39.8	0	0	62.7	56.8
青山河	右岸	0	0	0	0	0	0	0	0	0
青山河	左岸	16.5	0	0	10.7	64.8	0	0	5.8	35.2
裕溪河	右岸	45.2	7.2	15.9	4.1	9.1	2.3	5.1	31.6	69.9
裕溪河	左岸	19.2	2.8	14.6	8.5	44.3	0	0	7.9	41.1
西河	右岸	77.7	4.6	5.9	29	37.3	8.4	10.8	35.7	46
西河	左岸	77.7	3.2	4.1	39.8	51.2	0	0	34.7	44.7
青弋江分洪道	右岸	30①	0②	0	10.4③	34.7	5.2	17.3	14.4④	48
青弋江分洪道	左岸	29⑤	0	0	9.9⑥	34.1	5.1	17.6	14⑦	48.3
总计		716.9	46.4	6.5	301.5	42.1	44.8	6.2	324.2	45.2

注:① 扣除了与漳河重叠的 23.3 km;② 扣除了与漳河重叠的 7.2 km;③ 扣除了与漳河重叠的 15.2 km;④ 扣除了与漳河重叠的 0.9 km;⑤ 扣除了与漳河重叠的 23.1 km;⑥ 扣除了与漳河重叠的 21.6 km;⑦ 扣除了与漳河重叠的 1.5 km。

一、芜申运河

芜申运河右岸岸线资源总长 23.4 km,其中综合等级为一级的岸线长 2.6 km,占 11.1%;二级岸线长 10.8 km,占 46.2%;其余 10 km 为四级岸线,占 42.7%。芜申运河左岸岸线资源总长 32.5 km,其中综合等级为一级的岸线长 2.6 km,占 8%;二级岸线长 14.6 km,占 44.9%;其余 15.3 km 为四级岸线,占 47.1%(图 4-1)。

图4-1 芜申运河岸线等级评价

二、青弋江

青弋江右岸岸线资源总长57.2 km,其中综合等级为二级的岸线长48.3 km,占84.4%;其余8.9 km为四级岸线,占15.6%。青弋江左岸岸线资源总长87.5 km,其中综合等级为一级的岸线长12.4 km,占14.2%;二级岸线长33.6 km,占38.4%;三级岸线长17.1 km,占19.5%;四级岸线长24.4 km,占27.9%(图4-2)。

三、漳河

漳河右岸岸线资源总长110.6 km,其中综合等级为一级的岸线长7.2 km,占6.5%;二级岸线长37.9 km,占34.3%;三级岸线长6.7 km,占6.1%;其余58.8 km为四级岸线,占53.1%。漳河左岸岸线资源总长110.4 km,其中综合等级为一级的岸线长3.8 km,占3.4%;二级岸线长43.9 km,占39.8%;其余62.7 km为四级岸线,占56.8%(图4-3)。

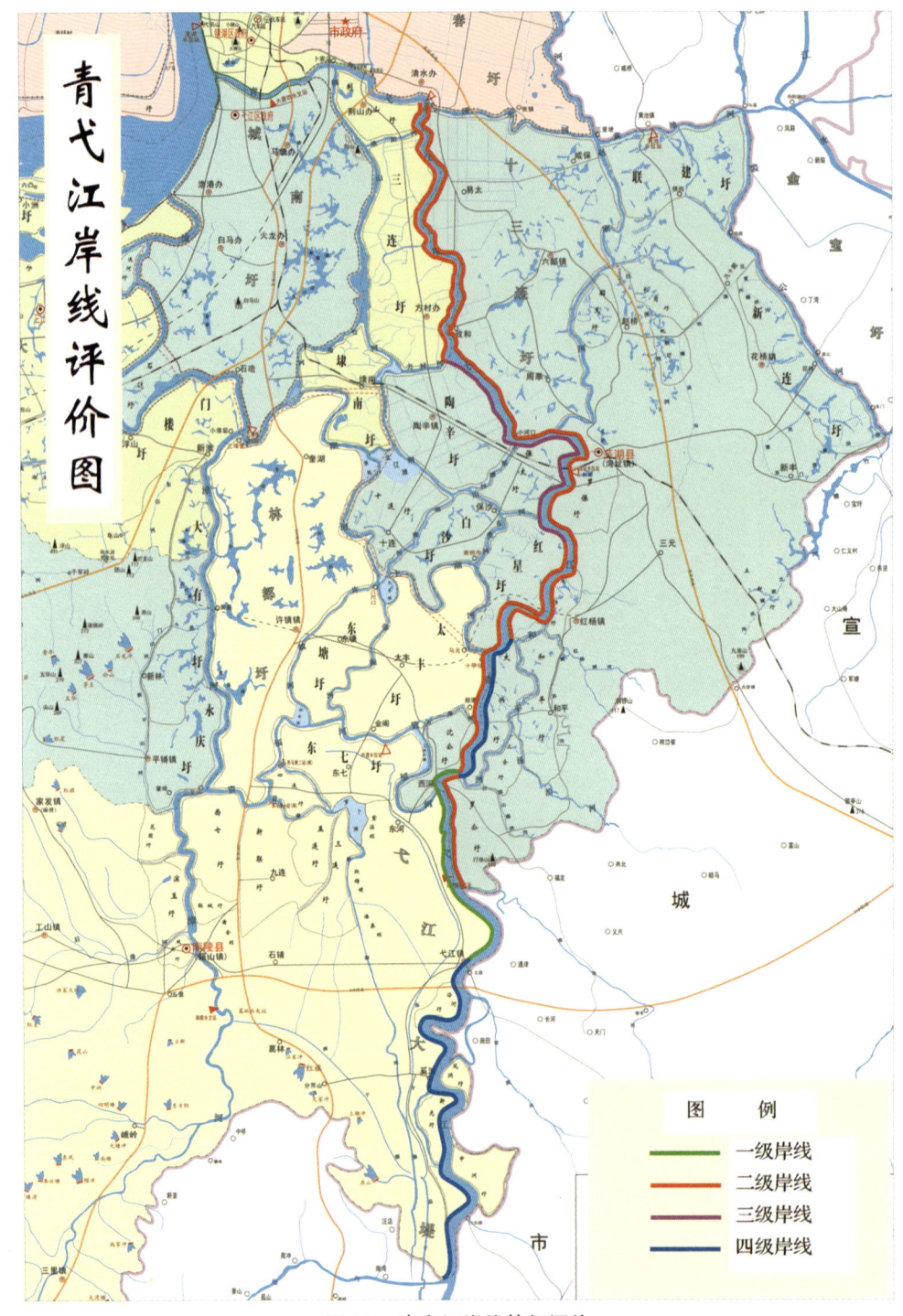

图 4-2 青弋江岸线等级评价

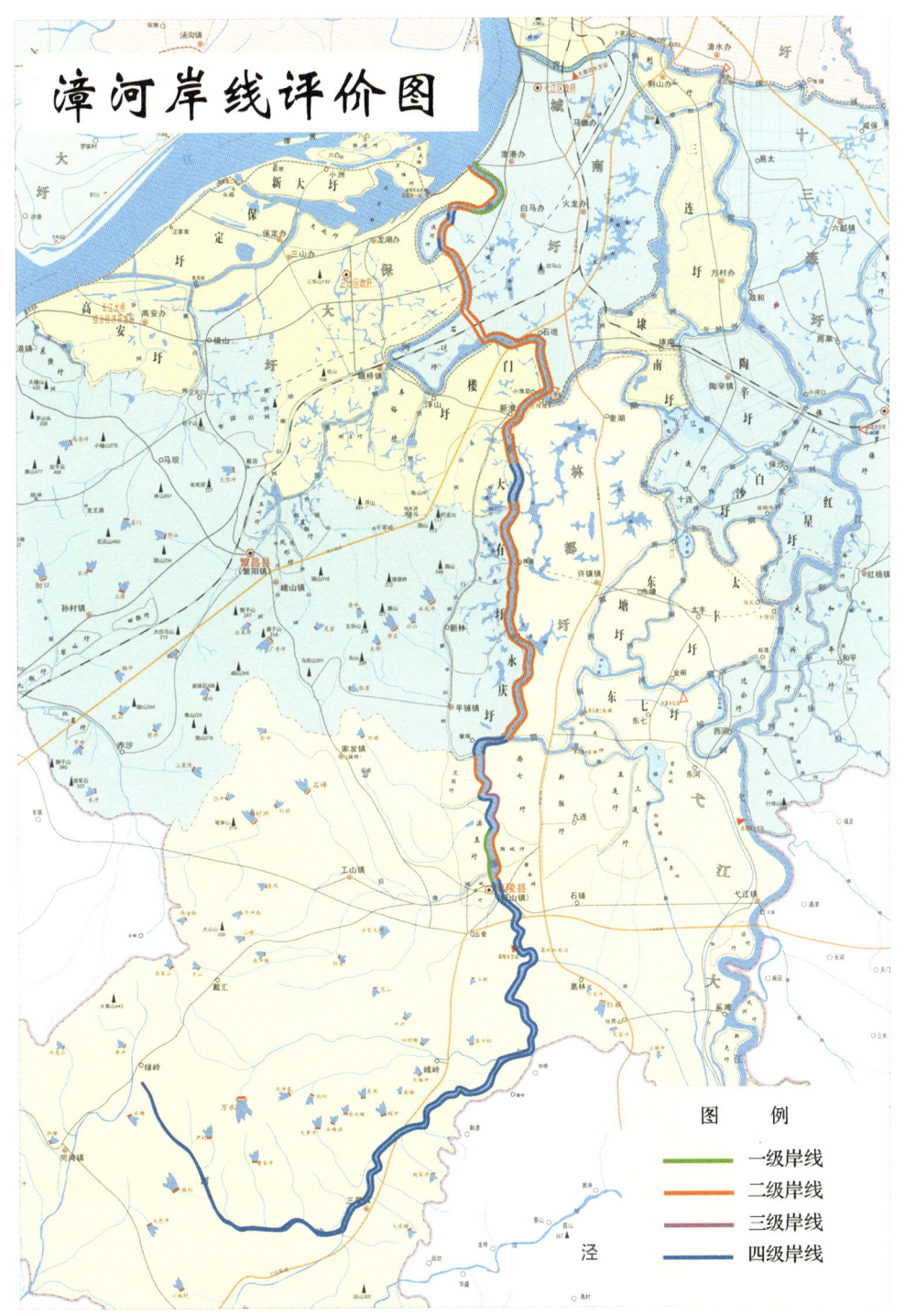

图4-3 漳河岸线等级评价图

四、青山河

青山河左岸岸线资源总长 16.5 km,其中综合等级为二级的岸线长 10.7 km,占 64.8%;其余 5.8 km 为四级岸线,占 35.2%(图 4-4)。

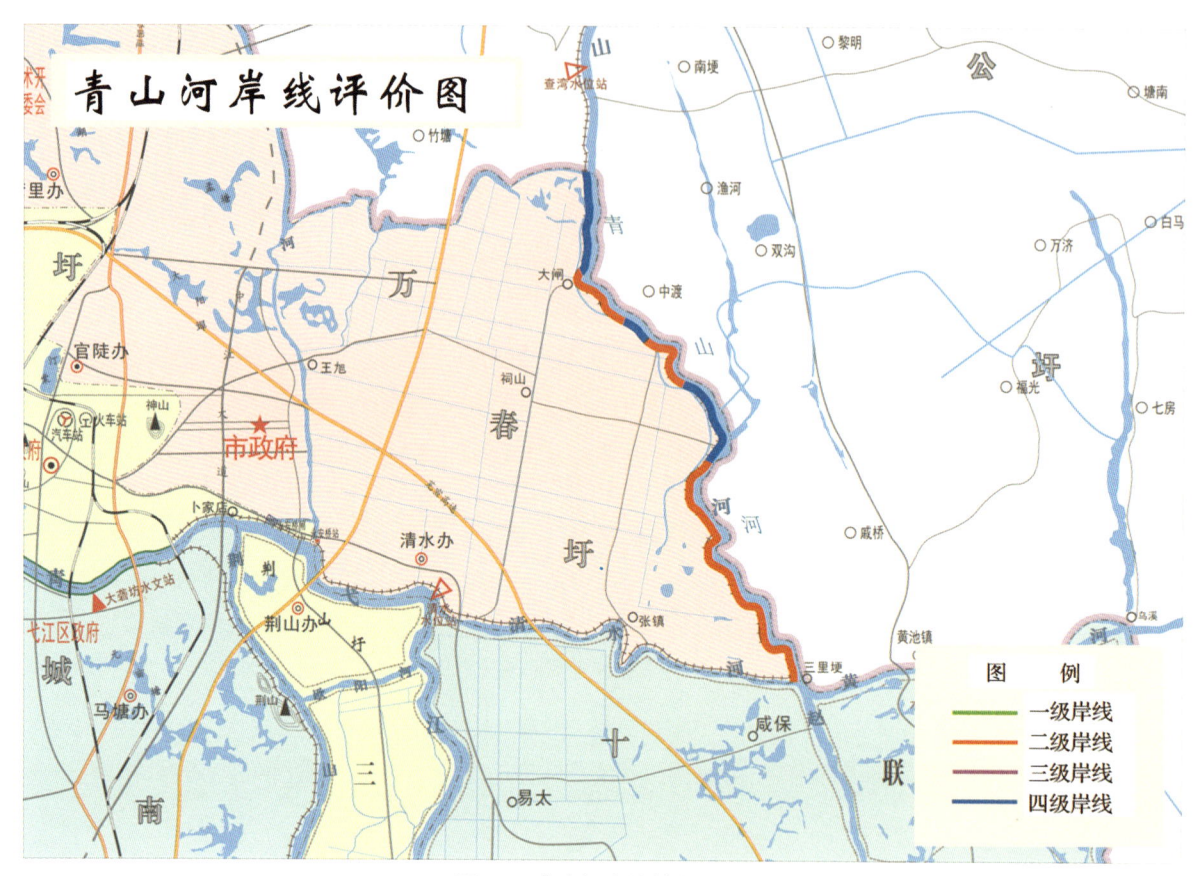

图 4-4 青山河岸线等级评价

五、裕溪河

裕溪河右岸岸线资源总长 45.2 km,其中综合等级为一级的岸线长 7.2 km,占 15.9%;二级岸线长 4.1 km,占 9.1%;三级岸线长 2.3 km,占 5.1%;其余 31.6 km 为四级岸线,占 69.9%。裕溪河左岸岸线资源总长 19.2 km,其中综合等级为一级的岸线长 2.8 km,占 14.6%;二级岸线长 8.5 km,占 44.3%;其余 7.9 km 为四级岸线,占 41.1%(图 4-5)。

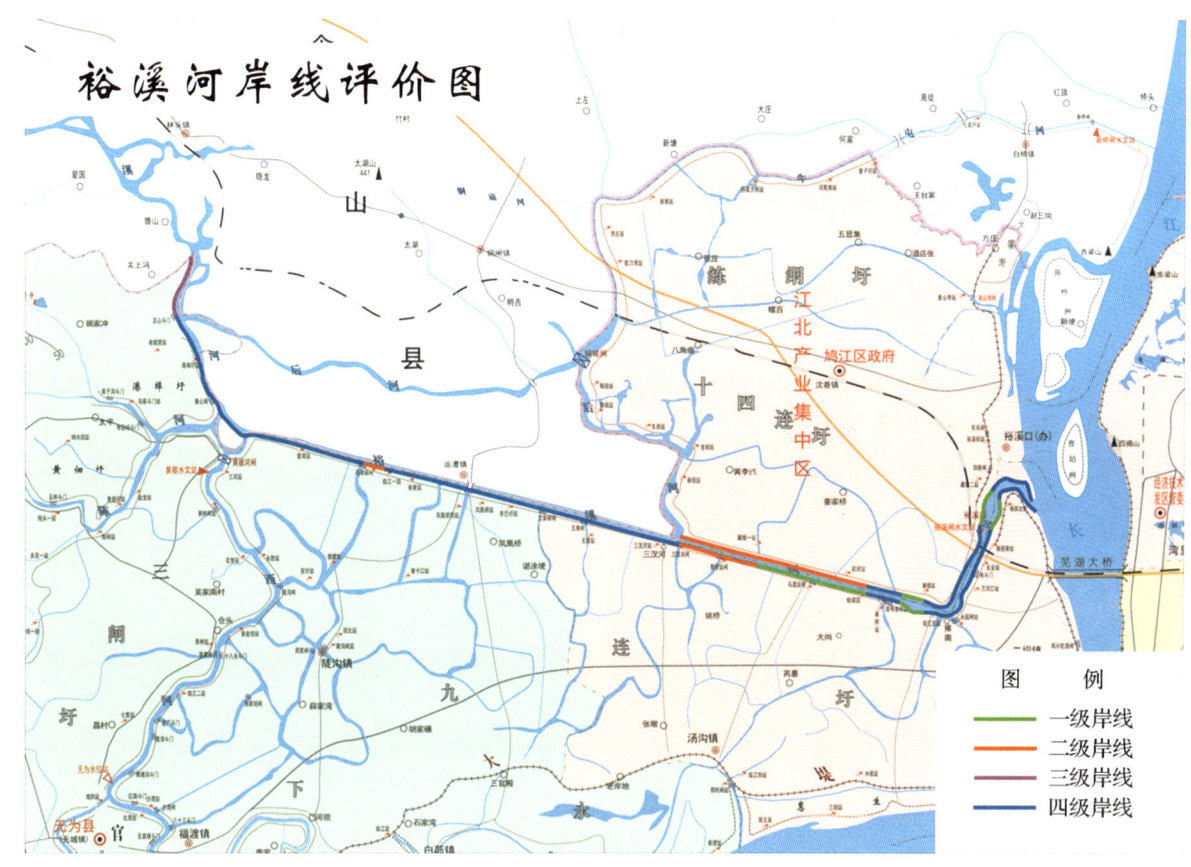

图4-5 裕溪河岸线等级评价

六、西河

西河右岸岸线资源总长77.7 km,其中综合等级为一级的岸线长4.6 km,占5.9%;二级岸线长29 km,占37.3%;三级岸线长8.4 km,占10.8%;其余35.7 km为四级岸线,占46%。西河左岸岸线资源总长77.7公里 km,其中综合等级为一级的岸线长3.2 km,占4.1%;二级岸线长39.8 km,占51.2%;其余34.7 km为四级岸线,占44.7%(图4-6)。

七、青弋江分洪道

根据统计,扣除与漳河重叠的部分,青弋江分洪道右岸岸线资源总长30 km,其中综合等级为二级的岸线长10.4 km,占34.7%;三级岸线长5.2 km,占17.3%;其余14.4 km为四级岸线,占48%。漳河左岸岸线资源总长29 km,其中综合等级为二级的岸线长9.9 km,占34.1%;三级岸线长5.1 km,占17.6%;其余14.0 km为四级岸线,占48.3%(图4-7)。

图4-6 西河岸线等级评价

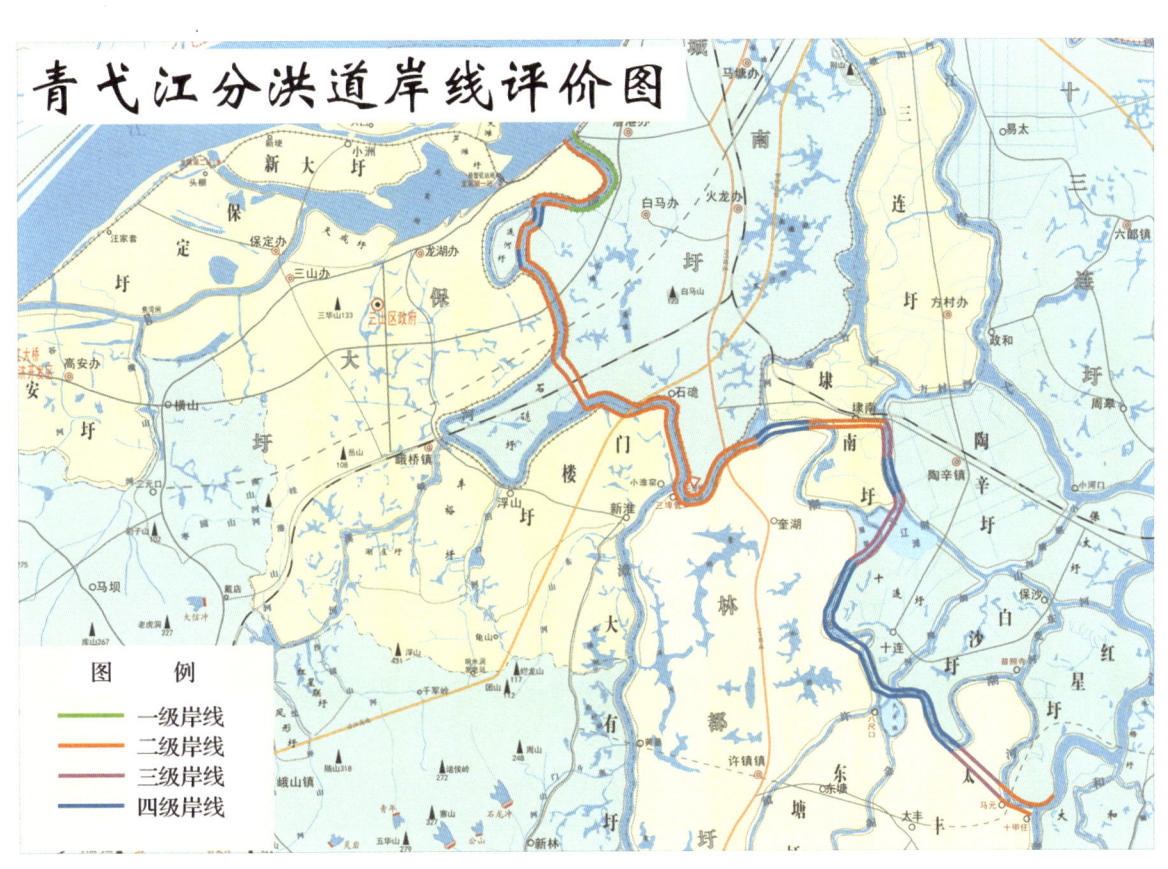

图4-7 青弋江分洪道岸线等级评价

表 4-4 芜申运河资源评价表

岸别	起点	终点	堤间宽度等级	陆域后方开发适宜性等级	稳定性等级	岸线综合等级	长度
左岸	青山河,芜申运河交汇处	新民村,同和村交界处	1	2	2	2	5.8
	新民村,同和村交界处	芜宣高速上游 1 km 处	2	2	1	4	0.3
	芜宣高速上游 1 km 处	万春一站排涝涵水闸(清水大桥上游 200 m)	1	2	1	2	2.6
右岸	万春一站排涝涵水闸(清水大桥上游 200 m)	清水村段中游(清水中学旧址)	1	2	2	2	2.4
	清水村段中游(清水中学旧址)	永安桥泵站	2	1	1	4	2.8
	永安桥泵站	芜湖市景康建材有限公司	2	1	2	4	0.6
	芜湖市景康建材有限公司	宁安城际铁路桥上游 800 m	1	1	1	1	2.6
	宁安城际铁路桥上游 800 m	入江口	2	2	1	4	6.3
	上游界	城东村沟口闸上游 250 m 处	2	2	2	4	4.5
	城东村沟口闸上游 250 m 处	花桥镇王坪	1	2	2	2	0.9
	花桥镇王坪	城西村高涵渡口上游约 580 m	2	2	1	4	0.9
	城西村高涵渡口上游约 580 m	青山河,芜申运河交汇处	1	2	1	2	2.7
	青山河,芜申运河交汇处	强桥村紫竹段上游(东侧)团湾	1	2	1	2	3.6
左岸	强桥村紫竹段上游(东侧)团湾	永丰村段中游处	2	2	2	2	2.4
	永丰村段中游处	清水桥上游 800 m	1	2	2	4	0.4
	清水桥上游 800 m	北埂斗门站以西约 300 m	1	1	2	2	5
	北埂斗门站以西约 300 m	芜湖市景康建材有限公司	2	2	1	4	3.4
	芜湖市景康建材有限公司	宁安城际铁路桥上游 800 m	1	1	1	1	2.6
	宁安城际铁路桥上游 800 m	入江口	2	1	1	4	6.1

续表 4-5

左右岸	起点	终点	堤间宽度等级	陆域纵深开发适宜性等级	岸后方稳定性等级	岸线综合等级	长度
左右岸	上游界（篦亭河）	罗公村、兴塘村交界处	1	2	1	2	6.8
	罗公村、兴塘村交界处	月湾村段中游处（团坝站对岸）	1	2	3	4	8.9
	月湾村段中游处（团坝站对岸）	周西村赵家河口下游 800 m 处（倪家村悦家站闸对岸）	1	2	1	2	17.3
右岸	周西村赵家河口下游 800 m 处（倪家村悦家站闸对岸）	河东村、政和村交界处（政和站闸）	1	2	2	2	10.1
	河东村、政和村交界处（政和站闸）	新港村段中游洪塘站	1	2	1	2	11.5
	新港村段中游洪塘站	入芜申运河口	1	2	2	2	2.6
	上游界	弋江大桥以下 150 m	2	1	1	4	24.4
	弋江大桥以下 150 m	沈公站沈公站闸下游约 400 m	1	2	1	1	12.4
	沈公站沈公站闸下游约 400 m	马元村十甲任（青弋江分洪道上界）	1	2	1	2	6.5
	青弋江分洪道下集	东定村段中游（东定村、沿江村、新圩村交界处）	1	2	2	2	0.9
	东定村段中游（东定村、沿江村、新圩村交界处）	芮村村、行春村交界处（方村河口）	1	2	1	2	9.4
左岸	芮村村、行春村交界处（方村河口）	旗杆村旗杆站闸	1	3	1	3	17.1
	旗杆村旗杆站闸	马厂村马厂站上游约 500 m（马厂村、中密村、万锹村界）	1	2	1	2	2.3
	马厂村马厂站上游约 500 m（马厂村、中密村、万锹村界）	天城村段下游（欧阳河口上游约 900 m 处）		2	2	2	6.1
	天城村段下游（欧阳河口上游约 900 m 处）	入芜申运河口		2	1	2	5.7
			1	2	2	2	2.7

表 4-6 漳河岸线资源评价表

左右岸	起点	终点	堤间宽度等级	陆域后方开发适宜性等级	稳定性等级	岸线综合等级	长度
左岸	上游界	南陵县坡籍山镇南318国道桥（漳河桥）	2	3	1	4	49
	南陵县城籍山镇南318国道桥（漳河桥）	籍山镇镇区北龙门站闸（太白大道大桥下游130 m）	2	2	1	4	4.7
	籍山镇镇区北龙门站闸（太白大道大桥下游130 m）	联坡村、仓溪村交界处	1	2	1	2	3.8
	联坡村、仓溪村交界处	仓溪村和平江村中间	1	3	1	3	6.7
	仓溪村和平江村中间	仓溪村、马仁村交界处（三叉河、资福河口）上游300 m	2	3	1	4	1.9
	仓溪村、马仁村交界处（三叉河、资福河口）上游300 m	仓溪村、马仁村交界处（三叉河、资福河口）	2	2	1	4	0.3
	仓溪村、马仁村交界处（三叉河、资福河口）	许镇马仁村胜利站闸	1	2	1	2	2.7
	许镇马仁村胜利站闸	丁塘村丁塘邓官塘	1	2	2	2	11.6
	丁塘村丁塘邓官塘	丁塘村、东胜村交界处（蚌保村黄公渡站闸对岸）	2	2	1	4	2
	丁塘村、东胜村交界处（蚌保村黄公渡站闸对岸）	三埠管	1	2	1	2	4.6
右岸	三埠管	石硊村下游（金鸡港站闸下游约600 m）	1	2	1	2	4.1
	石硊村下游（金鸡港站闸下游约600 m）	新义村下坝角站	1	2	2	2	1.7
	新义村下坝角站	塔影村下坝上	1	2	1	2	8.4
	塔影村下坝上	青弋江分洪道连河圩下游节点	2	2	1	4	0.9
	青弋江分洪道连河圩下游节点	塔影村段中游（塔影村、漳港村、螃蟹矶村交界处）	1	1	1	2	1
	塔影村段中游（塔影村、漳港村、螃蟹矶村交界处）	入江口	1	2	1	1	7.2

续表 4-6

左右岸	起点	终点	堤间宽度等级	陆域后方开发适宜性等级	稳定性等级	岸线综合等级	长度
	上游界	南陵县城籍山镇南318国道桥(漳河桥)					49.1
	南陵县城籍山镇区北龙门站闸(太白大道大桥下游130 m)	籍山镇镇区北龙门站闸(太白大道大桥下游130 m)	2	3	1	4	4.6
	籍山镇镇区北龙门站闸(太白大道大桥下游130 m)	联城村,仓溪村交界处	2	2	1	4	3.8
	联城村,仓溪村交界处	花园村佘家村	1	1	1	1	3.4
	花园村佘家村	新牌村肇埠	2	2	1	4	3.3
	新牌村肇埠	仓溪村,马仁村交界处(三叉河,资福河口)上游300 m	1	1	1	2	2
	仓溪村,马仁村交界处(三叉河,资福河口)上游300 m	仓溪村,马仁村交界处(三叉河,资福河口)	2	2	2	4	0.3
左岸	仓溪村,马仁村交界处(三叉河,资福河口)	许镇马仁村胜利站闸对岸	2	2	1	4	2.7
	许镇马仁村胜利站闸对岸	三山区蚌保村施家	1	2	1	2	11.5
	三山区蚌保村施家	三埠管	1	2	2	2	1.9
	蚌保村黄公渡站闸	三埠管	2	2	2	4	4.7
	三埠管	长江南路大桥下游约600 m	1	2	1	2	11.1
	长江南路大桥下游约600 m	青弋江分洪道连河扦段上游节点	1	2	2	2	1
	青弋江分洪道连河扦段上游节点	弋江区连河村连河扦段上游杨木村	2	2	1	4	0.7
	塔影村坝上对岸	塔影村坝上对岸	1	2	2	2	1.3
	青弋江分洪道连河扦段下游节点	青弋江分洪道连河扦段下游节点	2	2	1	4	0.7
	青弋江分洪道连河扦段下游节点	三山区螃蟹矶村,漕港村交界处	1	2	1	2	1.3
	三山区螃蟹矶村,漕港村交界处	渔港站上游约500 m	1	2	2	2	2.4
	渔港站上游约500 m	入江口	1	2	1	2	4.6

第四章 内河岸线资源综合评价

表 4-7 青山河岸线资源评价表

左右岸	起点	终点	堤间宽度等级	陆域后方开发适宜性等级	稳定性等级	岸线综合等级	长度
左岸	与芜申运河交汇处	苏子村中游处（杨港站泵站上游约 600 m 处）	1	2	2	2	5.8
	苏子村中游处（杨港站泵站上游约 600m 处）	鸠江区张拐街道振兴村	1	2	1	2	1.7
	鸠江区张拐街道振兴村	新胜村与张拐村交界线下游约 500 m	2	2	1	4	1.4
	新胜村与张拐村交界线下游约 500 m	新胜村与张拐村交界线下游约 1.1 km	2	2	2	4	0.6
	新胜村与张拐村交界线下游约 1.1 km	鸠江区新胜村万春西路上游 250 m	2	2	1	4	0.7
	鸠江区新胜村万春西路上游 250 m	新胜村与安乐村交界线上游 800 m 处	1	2	2	2	1.5
	新胜村与安乐村交界线上游 800 m 处	新胜村与安乐村交界线上游 150 m 处（西沟与同和之间）	2	2	2	4	0.8
	新胜村与安乐村交界线上游 150 m 处（西沟与同和之间）	鸠江区大闸村大闸渡下游 300 m	1	2	2	2	1.7
	鸠江区大闸村大闸渡下游 300 m	下游与马鞍山交界处	2	2	2	4	2.3

表4-8 裕溪河岸线资源评价表

	起点	终点	堤间宽度等级	陆域后方开发适宜性等级	稳定性等级	岸线综合等级	长度
左右岸							
	上游界	启河与裕溪河交汇处王山斗门附近	1	3	1	3	2.3
	启河与裕溪河交汇处王山斗门附近	鲁公闸	2	3	1	4	3.9
	鲁公闸	无为陡沟镇刘东村冯港	2	2	1	4	6.6
	无为陡沟镇刘东村冯港	田桥村周家村	1	2	2	2	0.8
	田桥村周家村	三汊河	2	2	1	4	12.2
右岸	三汊河	黄马村,三汊河社区交界处	1	2	1	2	3.3
	黄马村,三汊河社区交界处	汤沟镇黄马村马家渡	1	1	1	1	4.9
	汤沟镇黄马村马家渡	观寺港闸站下游 1.1 km	2	1	1	4	1.8
	观寺港闸站下游 1.1 km	雍南社区大庄	1	1	1	1	0.7
	雍南社区大庄	裕溪闸上游界	2	1	1	4	5
	裕溪闸上游界	裕溪河港下游界	1	1	1	1	1.6
	裕溪河港下游界	入江口	2	1	1	4	2.1
左岸	上游界(启河入裕溪河处)	新坝村,南埂村交界处藏墩与赵埂一站泵站	1	2	2	2	3.6
	新坝村,南埂村交界处藏墩与赵埂一站泵站	沈巷镇黄庄村前河与赵埂中间	1	2	1	2	4.9
	沈巷镇黄庄村前河与赵埂中间	黄庄村与雍镇社区交界处下游 750 m	2	2	1	4	1.7
	黄庄村与雍镇社区交界处下游 750 m	沈巷镇雍镇社区大埂村	1	1	1	1	0.8
	沈巷镇雍镇社区大埂村	铁路桥下游 900 m	2	1	1	4	4.2
	铁路桥下游 900 m	裕溪河港下游界	1	1	1	1	2
	裕溪河港下游界	入江口	2	1	1	4	2

表 4-9 西河岸线资源评价表

左右岸	起点	终点	堤间宽度等级	陆域后方开发适宜性等级	稳定性等级	岸线综合等级	长度
左岸	上游界	郭公河口下游山老村	2	2	1	4	9
	郭公河口下游山老村	水家桥闸站上游 1.5 km 处	2	2	2	4	7.1
	水家桥闸站上游 1.5 km 处	凤凰颈社区闸口村	2	2	1	4	14.6
	凤凰颈社区闸口村	凤凰颈闸下游 2 km 处	1	2	1	2	3.4
	凤凰颈闸下游 2 km 处	水溪渡站上游 1.5 km 处	1	3	1	3	8.4
	水溪渡站上游 1.5 km 处	蒋湾桥	1	2	1	2	5.7
	蒋湾桥	马口站泵站	1	1	2	2	3.2
	马口站泵站	福渡镇马口村	1	1	1	1	1.6
右岸	福渡镇马口村	王福村红旗斗门下游约 1 km 处	1	1	2	2	4
	王福村红旗斗门下游约 1 km 处	沙湾村中游黄湾斗门处	1	1	1	1	3
	沙湾村中游黄湾斗门处	沙湾村叶家渡	2	2	2	4	0.8
	沙湾村叶家渡	圣家咀	1	2	2	2	8.6
	圣家咀	奎村黄田黄河入西河处	2	2	1	4	2
	奎村黄田黄河入西河处	西河村丁家瓦屋	1	2	2	2	1.6
	西河村丁家瓦屋	西河村三河	1	2	1	2	2.5
	西河村三河	入裕溪河口	2	2	1	4	2.2

续表 4-9

左右岸	起点	终点	堤间宽度等级	陆域后方开发适宜性等级	稳定性等级	岸线综合等级	长度
左右岸	上游界	蜀山镇梨树童家	2	3	2	4	7.2
	蜀山镇梨树童家	蜀山镇朱家港	2	3	1	4	2.3
	蜀山镇朱家港	永安河口四河桥上游 300 m	2	2	1	4	16.5
	永安河口四河桥上游 300 m	襄安镇文思村团墩	1	2	1	2	0.9
	襄安镇文思村团墩	三河村大王庙凤凰颈闸上游 1.2 km 处	2	2	1	4	3.3
	三河村大王庙凤凰颈闸上游 1.2 km 处	蒋湾桥	1	2	1	2	17.4
左岸	蒋湾桥	王福村红旗斗门下游约 1 km 处	1	1	2	2	8.5
	王福村红旗斗门下游约 1 km 处	沙湾村中游黄湾斗门处	1	1	1	1	3.2
	沙湾村中游黄湾斗门处	无为无城凤河小学	2	2	1	4	0.8
	无为无城凤河小学	圣嘴村小墩子	1	2	1	2	8.9
	圣嘴村小墩子	黄闸村花家堡	2	2	1	4	2
	黄闸村花家堡	黄雒社区琵琶庄	1	2	1	2	4.1
	黄雒社区琵琶庄	入裕溪河口	2	2	1	4	2.6

表 4-10 青弋江分洪道岸线资源评价表

左右岸	起点	终点	堤间宽度等级	陆域后方开发适宜性等级	稳定性等级	岸线综合等级	岸线长度 (km)	备注
左岸	青弋江口	许镇马元村	1	2	1	2	2.3	
	许镇马元村	上潮河白塘湖泵站	1	3	1	3	1.6	
	上潮河白塘湖泵站	陶辛镇友谊村强村	2	3	1	4	11	
	陶辛镇友谊村强村	陶辛镇石桥村黄园	1	3	1	3	2.9	
	陶辛镇石桥村黄园	陶辛镇四门钱庄下游 300 m	2	3	1	4	1.2	
	陶辛镇四门钱庄下游 300 m	埭南圩荆山河黄潭泵站	1	3	1	3	0.7	
	埭南圩荆山河黄潭泵站	镜湖区方村袁家村南河流拐点	1	2	1	2	3.4	
	镜湖区方村袁家村南河流拐点	弋江区牌坊村大新发	2	2	1	4	2.2	
	弋江区牌坊村大新发	三埠管	1	1	2	2	4.7	
右岸	三埠管	石硊村下游（金鸡港站闸下游约 600 m）	1	1	2	2	4.1	
	石硊村下游（金鸡港站闸下游约 600 m）	沿江高速以西兴（新）义村下坝站	1	2	2	2	1.7	
	沿江高速以西兴（新）义村下坝站	塔影村坝上	1	2	1	2	8.4	
	塔影村坝上	青弋江分洪道连河圩下游节点	2	2	1	4	0.9	
	青弋江分洪道连河圩下游节点	塔影村段中游（塔影村、澹港村、螃蟹矶村交界处）	1	1	1	2	1	与澹河重叠
	塔影村段中游（塔影村、澹港村、螃蟹矶村交界处）	入江口	1	1	1	1	7.2	

续表 4-10

左右岸	起点	终点	堤间宽度等级	陆域后方开发适宜性等级	稳定性等级	岸线综合等级	岸线长度（km）	备注
	青弋江口	许镇马元村	1	3	1	2	2.2	
	许镇马元村	上潮河白塘湖泵站	1	3	1	3	1.7	
	上潮河白塘湖泵站	许镇高桥村殷家嘴	2	2	1	4	10.8	
	许镇高桥村殷家嘴	镜湖区方村王埂木黄潭	1	2	1	3	2.7	
	镜湖区方村王埂木黄潭	陶辛镇四门村钱庄下游 300 m 对岸	2	2	1	4	1	
	陶辛镇四门村钱庄下游 300 m 对岸	埭南圩荆山河黄屋基	1	2	1	3	0.7	
	埭南圩荆山河黄屋基	许镇奎湖村高屋基八亩塘	1	2	1	2	3	
	许镇奎湖村高屋基八亩塘	G205 国道上游 1250 m 许镇奎湖村叶家	2	2	1	4	2.2	
左岸	G205 国道上游 1250 m 许镇奎湖村叶家	205 国道西侧许镇下林都新塘埂建福村斗门水闸	1	2	1	2	2.3	
	205 国道西侧许镇下林都新塘埂建福村斗门水闸	三埠管	1	2	1	2	2.4	与漳河重叠
	三埠管	长江南路大桥下游约 600 m	1	2	1	2	11.1	
	长江南路大桥下游约 600 m	青弋江分洪道连河圩段上游节点	1	2	2	2	1	
	青弋江分洪道连河圩段上游节点	弋江区连河村连河圩杨木村	2	2	1	4	0.7	
	弋江区连河村连河圩杨木村	塔影村坝上对岸	1	2	1	2	1.3	

第五章 内河岸线功能分区

第一节 岸线功能类型划分
第二节 岸线功能布局

第一节 岸线功能类型划分

根据芜湖内河岸线资源条件、开发现状、开发需求等,将芜湖内河岸线划分成岸线保护区、岸线保留区、岸线控制利用区和岸线开发利用区四种类型。

岸线保护区是指对流域防洪安全、水资源保护、水生态保护、珍稀濒危物种保护及独特的自然人文景观保护等至关重要而禁止开发利用的岸线区。

岸线保留区是指规划期内暂时不开发利用或者尚不具备开发利用条件的岸线区。

岸线控制利用区是指因开发利用岸线资源对防洪安全、河流生态保护存在一定风险,或开发利用程度已较高,进一步开发利用对防洪、供水和河流生态安全等造成一定影响,而需要控制开发利用程度的岸线区,包括在现状和规划开发利用比较集中且对防洪以及维护河流健康没有严重影响,但又需要对开发利用的规模和类型进行一定程度控制的河段岸线。

岸线开发利用区是指河势基本稳定,无特殊生态保护要求或特定功能要求,陆域开发需求旺盛,岸线开发利用活动对河势稳定、防洪安全、供水安全及河流健康影响较小的岸线区,应按保障防洪安全、维护河流健康和支撑经济社会发展的要求,有计划、合理地开发利用。

表 5-1 岸线综合等级与功能类型对应关系

等级	岸线保护区	岸线保留区	岸线控制利用区	岸线开发利用区
一级			√	√
二级		√	√	√
三级	√	√		
四级	√	√	√	

第二节　岸线功能布局

根据岸线资源开发利用原则及各功能岸线对岸线资源的要求，考虑岸线资源的自然和经济社会功能属性以及不同的要求，各河流不同功能区划分如下：

一、岸线保护区

芜申运河。右岸主要分布在青山河、芜申运河交汇处—青山河、芜申运河交汇处下游 1.5 km（1.5 km），万春一站排涝涵水闸（清水大桥上游 200 m）—清水村段中游（2.4 km）；左岸主要分布在上游界—上游界下游 1.5 km（1.5 km），城西村高涵渡口下游约 400 m—青山河、芜申运河交汇处下游 1.5 km（3.2 km），新港村、永太村交界处—北埂斗门站以西约 300 m（2.5 km）。

青弋江。右岸主要分布在沿江村永杨站闸—罗保村罗保站闸（6.8 km），保丰村段中游石人渡站—入芜申运河口（11.5 km）；左岸主要分布在上游界—弋江镇沿河村 318 国道桥（23.3 km），弋江大桥以下 150 m—排湾村、合义村交界处（6.3 km），东河村下游段（资福河口上游约 900 m）—沈公村沈公站闸下游约 400 m（2.3 km），青弋江分洪道上界上游 1 km—团坝村团坝站（3 km），三义村三义站上游约 400 m—铁路桥上游（6.8 km），芮村村、行春村交界处（方村河口）上游 1 km—行春村、旗杆村交界处（旗杆村方塘站）（2.8 km），旗杆村、合心村界上游约 600 m（保丰村段石人渡站对岸）—入芜申运河口（11.9 km）。

漳河。右岸主要分布在上游界—三里镇镇区上界（孔村段上游）（15.5 km），三里镇镇区下游界—南陵县城籍山镇南 318 国道桥（漳河桥）（30.4 km），仓溪村和平与江村中间—苍溪村、马仁村交界处（三叉河，资福河口）（2.2 km），丁塘村丁塘邓官塘—丁塘村、东胜村交界处（蚱保村黄公渡站闸对岸）（2 km），三埠管—三埠管下游 1.5 km 弋江区牌坊村段下游(佘村村门楼站对岸)(1.5 km,与青弋江分洪道重叠);左岸主要分布在上游界—南陵县城籍山镇南318国道桥(漳河桥)(49 km),联城村、仓溪村交界处—花园村佘家村(3.4 km),新牌村肇埠—苍溪村、马仁村交界处(三叉河,资福河口)(2.3 km),三山区蚱保村施家—蚱保村黄公渡站闸(1.9 km),三埠管—三埠管下游1 km(1 km,与青弋江分洪道重叠),青弋江分洪道连河圩段上游节点—青弋江分洪道连河圩段下游节点(2.6 km,与青弋江分洪道重叠),渔港站上游约500 m—入江口(4.6 km,与青弋江分洪道重叠)。

青山河。左岸主要分布在与芜申运河交汇处—与芜申运河交汇处下游2 km(2 km),鸠江区张拐街道振兴村—新胜村与安乐村交界线上游150 m处(西沟与同和之间)(4.9 km),鸠江区大闸村大闸渡下游300 m—下游与马鞍山交界处(2.3 km)。

裕溪河。右岸主要分布在上游界—上游界下游约1.2 km处(1.2 km),后河与裕溪河交汇处王山斗门附近—鲁公闸下游2.6 km(6.5 km),裕溪河港下游界—入江口(2.1 km);左岸主要分布在裕溪河港下游界—入江口上游约800 m汊河汇流处(1.1 km)。

西河。右岸主要分布在上游界—郭公河口下游山老村(9.1 km),永安河口上游2 km—凤凰颈社区闸口村(6.7 km),沙湾村黄湾斗门处—沙湾村叶家渡(0.8 km),圣家咀—龚村黄田河入西河处(2 km),西河村三河—入裕溪河口(2.2 km);左岸主要分布在上游界—蜀山镇朱家港(9.4 km),永安河口四河桥上游2.3 km—永安河口四河桥上游300 m(2 km),襄安镇文思村团墩—三河村大王庙凤凰颈闸上游1.2 km处(3.3 km),沙湾村黄湾斗门处—无为无城凤河小学(0.8 km),圣嘴村小墩子—黄闸村花家堡(2 km),黄雏社区琵琶庄—入裕溪河口(2.6 km)。

青弋江分洪道。右岸主要分布在青弋江口—许镇马元村(2.3 km),上潮河白塘湖泵站—陶辛镇友谊村强村(11.1 km),陶辛镇石桥村黄园—陶辛镇四门村钱庄下游300 m(1.2 km),镜湖区方村袁家村南河流拐点—弋江区牌坊村大新发(2.2 km);左岸主要分布在青弋江口—许镇马元村(2.2 km),上潮河白塘湖泵站—许镇高桥村殷家嘴(10.8 km),镜湖区方村王埂村黄潭—陶辛镇四门村钱庄下游300 m对岸(1.1 km),许镇奎湖村高屋基八亩塘—G205国道上游1 250 m许镇奎湖村叶家(2.2 km),205国道西侧许镇下林都新塘建福村斗门水闸—三埠管（2.4 km）。

二、岸线保留区

芜申运河。右岸主要分布在青山河、芜申运河交汇处下游1.5 km—青山河、芜申运河交汇处下游3 km（1.5 km）；左岸主要分布在城东村沟口站闸上游—城西村高涵渡口下游约400 m（3 km），青山河、芜申运河交汇处下游1.5 km—新港村、永太村交界处（7.2 km）。

青弋江。右岸主要分布在上游界下游1.5 km—城东村沟口站闸上游250 m处（26.2 km），青山河、芜申运河交汇处下游1.5 km—新港村、永太村交界处（7.3 km）；左岸主要分布在排湾村、合义村交界处—东河村下游段（资福河口上游约900 m）（3.8 km），沈公村沈公站闸下游约400 m—青弋江分洪道上界上游1 km（5.5 km），团坝村团坝站—三义村三义站上游约400 m（5.2 km），铁路桥上游—芮村村、行春村交界处（方村河口）上游1 km（12.3 km），旗杆村旗杆站闸—旗杆村、合心村界上游约600 m（保丰村段石人渡站对岸）（2.7 km）。

漳河。右岸主要分布在联城村、仓溪村交界处—仓溪村和平与江村中间（6.7 km），苍溪村、马仁村交界处（三叉河，资福河口）—丁塘村丁塘邓官塘（14.3 km），丁塘村、东胜村交界处（蚌保村黄公渡站闸对岸）—三埠管（4.6 km）；左岸主要分布在滨玉村梅竹园上游200 m—联城村、仓溪村交界处（1.2 km），花园村、佘家村—新牌村肇埠（3.3 km），苍溪村、马仁村交界处（三叉河，资福河口）—三山区蚌保村施家（14.2 km），蚌保村黄公渡站闸—三埠管（4.9 km），三埠管下游1 km—青弋江分洪道连河圩段上游节点（11.1 km，与青弋江分洪道重叠），青弋江分洪道连河圩段下游节点—渔港站上游约500 m（3.7 km，与青弋江分洪道重叠）。

青山河。左岸主要分布在与芜申运河交汇处下游2 km—鸠江区张拐街道振兴村（5.6 km），新胜村与安乐村交界线上游150 m处（西沟与同和之间）—鸠江区大闸村大闸滨下游300 m（1.7 km）。

裕溪河。右岸主要分布在鲁公闸下游2.6 km—三汊河（17 km），永固闸站下游500 m（万河口上游350 m）—裕溪河港下游界（5 km）；左岸主要分布在上游界（后河入裕溪河处）—合芜高速公路上游（13 km）。

西河。右岸主要分布在郭公河口下游山老村—永安河口上游

2 km(15 km),凤凰颈社区闸口村—蒋湾桥(17.4 km),沙湾村叶家渡—圣家咀(8.6 km),龚村黄田河入西河处—西河村三河(4.1 km);左岸主要分布在蜀山镇朱家港—永安河口四河桥上游 2.3 km(14.6 km),三河村大王庙凤凰颈闸上游 1.2 km 处—蒋湾桥(17.4 km),无为无城凤河小学—圣嘴村小墩子(8.9 km),黄闸村花家堡—黄雒社区琵琶庄(4.1 km)。

青弋江分洪道。右岸主要分布在许镇马元村—上潮河白塘湖泵站(1.6 km),陶辛镇友谊村强村—陶辛镇石桥村黄园(2.9 km),陶辛镇四门村钱庄下游 300 m—镜湖区方村袁家村南河流拐点(4 km),弋江区牌坊村大新发—三埠管(4.7 km);左岸主要分布在许镇马元村—上潮河白塘湖泵站(1.7 km),许镇高桥村殷家嘴—镜湖区方村王埂村黄潭(2.7 km),陶辛镇四门村钱庄下游 300 m 对岸—许镇奎湖村高屋基八亩塘(3.6 km),G205 国道上游 1 250 m 许镇奎湖村叶家—205 国道西侧许镇下林都新塘建福村斗门水闸(2.3 km)。

三、岸线控制利用区

芜申运河。右岸主要分布在永安桥泵站—入江口(9.5 km);左岸主要分布在宁安城际铁路桥上游 800 m—入江口(6.3 km)。

青弋江。右岸主要分布在罗保村下游界—赵家河口上游 1 km 处(1.2 km)。

漳河。右岸主要分布在三里镇镇区上界(孔村段上游)—三里镇镇区下游界(3.2 km),南陵县城籍山镇南 318 国道桥(漳河桥)—籍山镇镇区北龙门站闸(太白大道大桥下游 130 m)(4.7 km),渔港站上游约 500 m—入江口(4.5 km,与青弋江分洪道重叠);左岸主要分布在南陵县城籍山镇南 318 国道桥(漳河桥)—籍山镇镇区北龙门站闸(太白大道大桥下游 130 m)(4.6 km)。

青山河。无岸线控制利用区。

裕溪河。左岸主要分布在入江口上游约 800 m 汉河汇流处—入江口(0.8 km)。

西河。左岸主要分布在王福村红旗斗门下游约 1 km 处—沙湾村中游处黄湾斗门处(3.2 km)。

青弋江分洪道。见漳河。

四、岸线开发利用区

芜申运河。右岸主要分布在芜申运河与青山河交汇处下游 3 km—万春一站排涝涵水闸（清水大桥上游 200 m）（5.7 km），清水村段中游—永安桥泵站（2.8 km）；左岸主要分布在上游界下 1.5 km—城东村沟口站闸（2.8 km），北埂斗门站以西约 300 m—宁安城际铁路桥上游 800 m（6 km）。

青弋江。右岸主要分布在罗保村罗保站闸—罗保村下游界（2.4 km），赵家河口上游 1 km 处—周西村赵家河口下游 800 m 处（1.8 km）；左岸主要分布在弋江镇沿河村 318 国道桥—弋江大桥以下 150 m（1.1 km），行春村、旗杆村交界处（旗杆村方塘站）—旗杆村旗杆站闸（0.5 km）。

漳河。右岸主要分布在籍山镇镇区北龙门站闸（太白大道大桥下游 130 m）—联城村、仓溪村交界处（3.8 km），三埠管下游 1.5 km（17.2 km，与青弋江分洪道重叠）；左岸主要分布在籍山镇镇区北龙门站闸（太白大道大桥下游 130 m）—滨玉村梅竹园上游 200 m（2.6 km）。

青山河。无岸线开发利用区。

裕溪河。右岸主要分布在上游界下约 1.2 km 处—后河与裕溪河交汇处王山斗门附近（1.2 km）、三汊河—永固闸站下游 500 m（万河口上游 350 m）（12.2 km）；左岸主要分布在合芜高速公路上游—裕溪河港下游界（4.3 km）。

西河。右岸主要分布在蒋湾桥—沙湾村中游黄湾斗门处（11.8 km）；左岸主要分布在永安河口四河桥上游 300 m—襄安镇文思村团墩（0.9 km），蒋湾桥—王福村红旗斗门下游约 1 km 处（8.5 km）。

青弋江分洪道。见漳河。

表 5-2 芜湖内河岸线功能区统计（单位：km, %）

内河名称	左右岸	总长度	保护区 长度	保护区 占比	保留区 长度	保留区 占比	控制利用区 长度	控制利用区 占比	开发利用区 长度	开发利用区 占比
芜申运河	右岸	23.4	3.9	16.7	1.5	6.4	9.5	40.6	8.5	36.3
	左岸	32.5	7.2	22.2	10.2	31.4	6.3	19.4	8.8	27.1
青弋江	右岸	57.2	18.3	32.0	33.5	58.6	1.2	2.1	4.2	7.3
	左岸	87.5	56.4	64.5	29.5	33.7	0	0.0	1.6	1.8
漳河	右岸	110.6	51.6	46.7	25.6	23.1	12.4	11.2	21	19.0
	左岸	110.4	64.8	58.7	38.4	34.8	4.6	4.2	2.6	2.4
青山河		0	0	0.0	0	0.0	0	0.0	0	0.0
裕溪河	右岸	16.5	9.2	55.8	7.3	44.2	0	0.0	0	0.0
	左岸	45.2	9.8	21.7	22	48.7	0	0.0	13.4	29.6
西河	右岸	19.2	1.1	5.7	13	67.7	0.8	4.2	4.3	22.4
	左岸	77.7	20.8	26.8	45.1	58.0	0	0.0	11.8	15.2
	右岸	77.7	20.1	25.9	45	57.9	3.2	4.1	9.4	12.1
青弋江分洪道	左岸	30	16.8	56.0	13.2	44.0	0	0.0	0	0.0
	右岸	29	18.7	64.5	10.3	35.5	0	0.0	0	0.0
总计		716.90	298.7	41.7	294.6	41.1	38	5.3	85.6	11.9

注：青弋江分洪道的数据统计扣除了与漳河重叠的部分

图5-1 芜申运河岸线功能分区图

图5-2 青山河岸线功能分区图

图5-3 青弋江岸线功能分区图

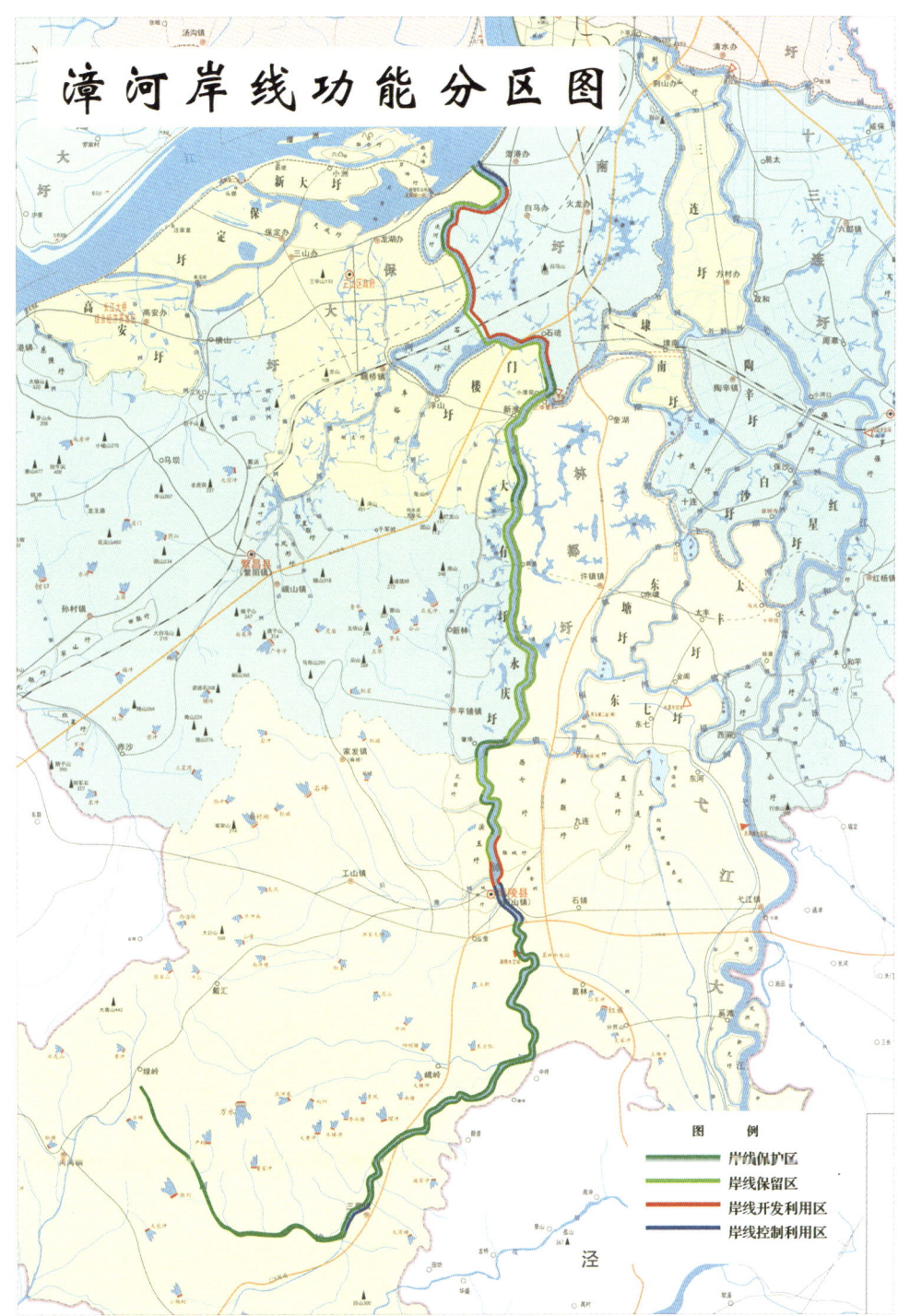

图5-4 漳河岸线功能分区

图 5-5 裕溪河岸线功能分区

图 5-6 西河岸线功能分区

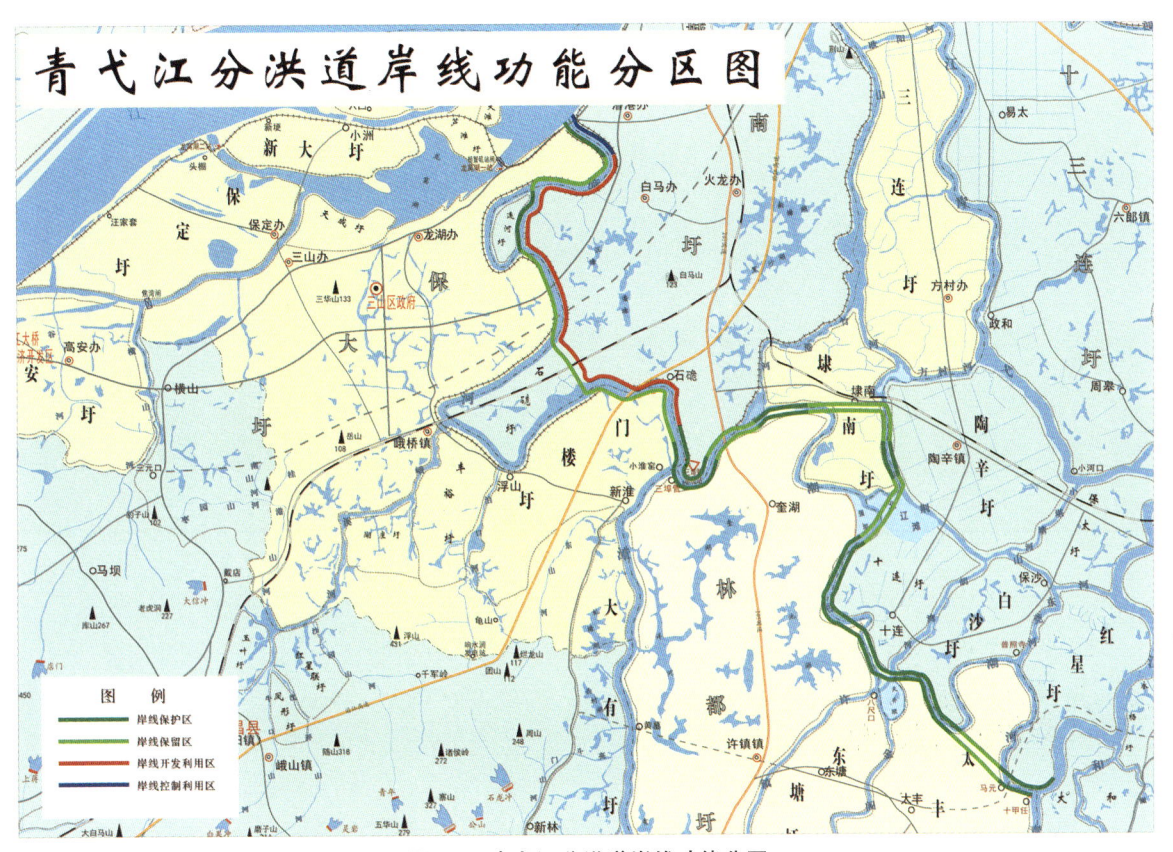

图5-7 青弋江分洪道岸线功能分区

第六章 关键功能岸段开发利用与优化调整

第一节 岸线保护区重点岸段的保护与调整
第二节 岸线控制利用区的优化调整
第三节 岸线开发利用区的开发引导

以内河岸线功能分区为基础,结合各类岸线开发利用基础、主要问题、开发需求等,重点对岸线保护区(重点是取水口岸段)、岸线控制利用区和岸线开发利用优化调整、开发利用等提出对策思路。

第一节 岸线保护区重点岸段的保护与调整

取水口岸线是岸线保护区的重要组成,而城乡供水取水口又是影响岸线利用保护的最重要的因素。以下重点对城乡供水取水口的整合保护提出具体方案。

一、城乡供水取水口服务效率评价

选取年最大取水量、供水人口、人均年最大取水量三个指标,通过极值标准化法(极值取最大值)对原始数据进行标注,再采用加权求和法(分别赋予0.6、0.2、0.2三个权重值)分别对每条河流上的饮用水源取水口进行评价,为饮用水源取水口整合提供依据。

表6-1 青弋江饮用水源取水口服务效率评价

县区名称	乡(镇)	取水口名称	年最大取水量标准化值	供水人口标准化值	人均年最大取水量标准化值	加权求和结果
芜湖县	湾沚镇	县自来水厂取水口	1.000 0	1.000 0	1.000 0	1.000 0
南陵县	弋江镇	清江供水公司取水口	0.030 1	0.105 9	0.284 6	0.096 2
南陵县	弋江镇	奚滩水厂取水口	0.016 4	0.070 6	0.232 9	0.070 6
芜湖县	陶辛镇	芜湖县陶辛镇弋江水厂取水口	0.016 4	0.141 2	0.116 4	0.061 4
南陵县	弋江镇	永清自来水厂取水口	0.016 4	0.135 3	0.121 5	0.061 2
芜湖县	红杨镇	红星自来水厂取水口	0.012 3	0.064 7	0.190 5	0.058 4
镜湖区	方村街道	方村自来水厂取水口	0.007 9	0.058 8	0.135 1	0.043 5
芜湖县	六郎镇	县易太水厂取水口	0.008 2	0.076 5	0.107 5	0.041 7
芜湖县	红杨镇	和平自来水厂取水口	0.006 8	0.076 5	0.089 6	0.037 3
镜湖区	方村街道	天民自来水厂取水口	0.006 0	0.052 9	0.113 5	0.037 0
南陵县	弋江镇	青弋水厂取水口	0.006 5	0.074 7	0.087 3	0.036 3
芜湖县	六郎镇	县六郎镇水厂取水口	0.005 5	0.058 8	0.093 2	0.033 7
芜湖县	六郎镇	县六郎镇政和水厂取水口	0.005 5	0.058 8	0.093 2	0.033 7
芜湖县	红杨镇	红杨自来水厂取水口	0.004 9	0.064 7	0.076 2	0.031 1
芜湖县	六郎镇	县六郎镇沙河口水厂取水口	0.004 1	0.058 8	0.069 9	0.028 2

表6-2 漳河饮用水源取水口服务效率评价

县区名称	乡（镇）	取水口名称	年最大取水量标准化值	供水人口标准化值	人均年最大取水量标准化值	加权求和结果
南陵县	籍山镇	南陵县供水有限公司取水口	1.000 0	1.000 0	1.000 0	1.000 0
南陵县	三里镇	三里水厂取水口	0.068 8	0.135 0	0.509 3	0.170 1
繁昌县	平铺镇	平铺自来水厂取水口	0.033 8	0.327 0	0.103 2	0.106 3
南陵县	许镇	幸福自来水厂取水口	0.035 0	0.120 0	0.291 7	0.103 3
南陵县	籍山镇	民生自来水厂取水口	0.022 8	0.130 0	0.175 5	0.074 8
三山区	峨桥镇	芜湖市三山区新淮自来水厂取水口	0.013 8	0.090 0	0.152 8	0.056 8

表6-3 芜申运河饮用水源取水口服务效率评价

县区名称	乡（镇）	取水口名称	年最大取水量标准化值	供水人口标准化值	人均年最大取水量标准化值	加权求和结果
镜湖区	荆山街道	芜湖市荆山供水站取水口	1.000 0	0.800 0	1.000 0	0.960 0
芜湖县	六郎镇	易太第二水厂取水口	0.800 0	1.000 0	0.640 0	0.808 0

表6-4 青山河饮用水源取水口服务效率评价

县区名称	乡（镇）	取水口名称	年最大取水量标准化值	供水人口标准化值	人均年最大取水量标准化值	加权求和结果
鸠江区	万春街道办事处	芜湖市新新自来水厂取水口	1.000 0	1.000 0	1.000 0	1.000 0
鸠江区	万春街道办事处	同新自来水厂取水口	0.428 6	0.548 0	0.782 1	0.523 2
鸠江区	清水街道	大闸自来水厂取水口	0.208 8	0.800 0	0.261 0	0.337 5

表6-5 裕溪河饮用水源取水口服务效率评价

县区名称	乡（镇）	取水口名称	年最大取水量标准化值	供水人口标准化值	人均年最大取水量标准化值	加权求和结果
无为县	汤沟镇	无为三汊河自来水厂取水口	1.000 0	1.000 0	1.000 0	1.000 0
无为县	安徽无为经济开发区	无为县二坝自来水有限公司取水口	0.433 3	0.718 8	0.602 9	0.524 3
无为县	陡沟镇	田桥自来水厂取水口	0.333 3	0.531 3	0.627 5	0.431 7
无为县	陡沟镇	凤凰桥自来水厂取水口	0.300 0	0.546 9	0.548 6	0.399 1

表6-6 西河饮用水源取水口服务效率评价

县区名称	乡(镇)	取水口名称	年最大取水量标准化值	供水人口标准化值	人均年最大取水量标准化值	加权求和结果
无为县	十里墩乡	十里自来水有限责任公司取水口	1	1	0.649 379	0.929 876
无为县	蜀山镇	蜀山自来水厂取水口	0.747 967	0.485 714	1	0.745 923
无为县	洪巷乡	洪巷乡自来水厂取水口	0.455 285	0.588 571	0.502 322	0.491 349
无为县	福渡镇	无为县通江自来水有限公司取水口	0.447 154	0.457 143	0.635 19	0.486 759
无为县	无城镇	七里水厂取水口	0.365 854	0.514 286	0.461 957	0.414 761
无为县	泥汊镇	无为县泥汊镇为民自来水厂取水口	0.333 333	0.342 857	0.631 341	0.394 84
无为县	无城镇	顺民水厂取水口	0.308 943	0.514 286	0.390 097	0.366 242
无为县	福渡镇	无为县金塔自来水厂取水口	0.186 992	0.142 857	0.85	0.310 767
无为县	福渡镇	无为县河口自来水有限公司取水口	0.203 252	0.2	0.659 938	0.293 939
无为县	蜀山镇	清泉自来水厂取水口	0.195 122	0.571 429	0.221 739	0.275 707
无为县	蜀山镇	新安水厂取水口	0.203 252	0.357 143	0.369 565	0.267 293
无为县	泥汊镇	泥汊镇韩庙村西河水厂取水口	0.121 951	0.091 429	0.866 168	0.264 69

二、饮用水源取水口整合原则

中心城区乡镇(街道)及沿长江的乡镇从长江取水。现状是饮用水源取水口位于规划河流的乡镇(街道),如果属于中心城区,则取消其位于规划河流上的取水口,将其给水管网与中心城区给水管网连通,从长江取水。取消沿长江乡镇(如泥汊镇、二坝镇等)位于规划河流上的现状饮用水源取水口,从长江取水。

漳河与青弋江上游多保留,西河下游多保留。漳河与青弋江上游位于山区,水质好,且水系比较独立,不易受其他河流水系的影响,因而可以作为芜湖市域的备用水源地加以保护,多保留其现状饮用水源取水口。西河上游承担着运输矿物的功能,水质保护难度较大,而下游地区经过无为县城、福渡、陡沟等乡镇,用水需求量较大,因而多保留现状饮用水源取水口。

一乡(镇)保留一个饮用水源取水口。当一个镇拥有多个饮用水源取水口时,以加权求和结果最大者为优。

考虑整合成本和辐射范围,相对均匀布局。从现状看,由于饮用水源取水口隶属于不同的乡镇,因而出现多处河段有两个饮用水源取水口紧邻布置的情况,如青弋江下游;另有些河段,虽然取水口之间有些距离,但距离较近,如西河。因此,在整合取水口时,尽量使保留下来的取水口能相对均匀布局。

三、饮用水源取水口整合方案

根据饮用水源取水口整合原则和取水口服务效率评价表,现有的42个取水口建议取消23个,保留19个(表6-7)。具体如下:

青山河。现有3个饮用水源取水口全部取消,从长江取水。

青弋江。现有15个饮用水源取水口,保留奚滩水厂、清江供水公司、永清自来水厂、红星自来水厂、(芜湖)县自来水厂、芜湖县陶辛镇弋江水厂、县易太水厂共7个取水口,取消下列8个取水口:

取消弋江镇青弋水厂取水口,可就近利用奚滩水厂取水口或清江供水公司取水口。

取消红杨镇和平自来水厂取水口和红杨自来水厂取水口,可就近利用红星自来水厂取水口。

取消方村街道的方村自来水厂取水口和天民自来水厂取水口,从长江取水。

取消六郎镇的县六郎镇政和水厂取水口、县六郎镇水厂取水口、县六郎镇沙河水厂取水口,可就近利用芜湖县陶辛镇弋江水厂取水口或县易太水厂取水口。

漳河。现共有6个饮用水源取水口,保留三里水厂、南陵县供水有限公司、平铺自来水厂、幸福自来水厂共4个取水口,取消下列2个取水口:

取消民生自来水厂取水口,可就近利用南陵县供水有限公司取水口。

取消芜湖市三山区新淮自来水厂取水口,从长江取水。

芜申运河。现共有饮用水源取水口2个,全部取消。其中芜湖市荆山供水站取水口从长江取水;易太第二水厂取水口可利用易太水厂取水口。

西河。现共有饮用水源取水口12个,保留蜀山自来水厂、洪巷乡自来水厂、十里自来水有限责任公司、无为县通江自来水有限公司、七里水厂、顺民水厂共6个取水口,取消下列6个取水口:

取消蜀山镇清泉自来水厂取水口和新安水厂取水口,可就近利用蜀山自来水厂取水口。

取消泥汊镇韩庙村西河水厂取水口和为民自来水厂取水口,从长江取水。

取消无为县河口自来水有限公司取水口和无为县金塔自来水厂取水口,可就近利用无为县通江自来水有限公司取水口和七里水厂取水口。

裕溪河。现状共有饮用水源取水口4个,保留田桥自来水厂和无为三汊河自来水厂共2个取水口,取消下列2个取水口:

取消凤凰桥自来水厂取水口,可就近利用田桥自来水厂取水口。

取消无为县二坝自来水有限公司取水口,从长江取水。

表6-7 规划保留饮用水源取水口

取水河流名称	饮用水源取水口个数	取水乡镇名称	饮用水源取水口个数
青弋江	7	弋江镇	3
		红杨镇	1
		湾沚镇	1
		陶辛镇	1
		六郎镇	1
漳河	4	三里镇	1
		籍山镇	1
		许镇	1
		平铺镇	1
西河	6	蜀山镇	1
		洪巷乡	1
		十里墩乡	1
		福渡镇	1
		无城镇	2
裕溪河	2	陡沟镇	1
		汤沟镇	1

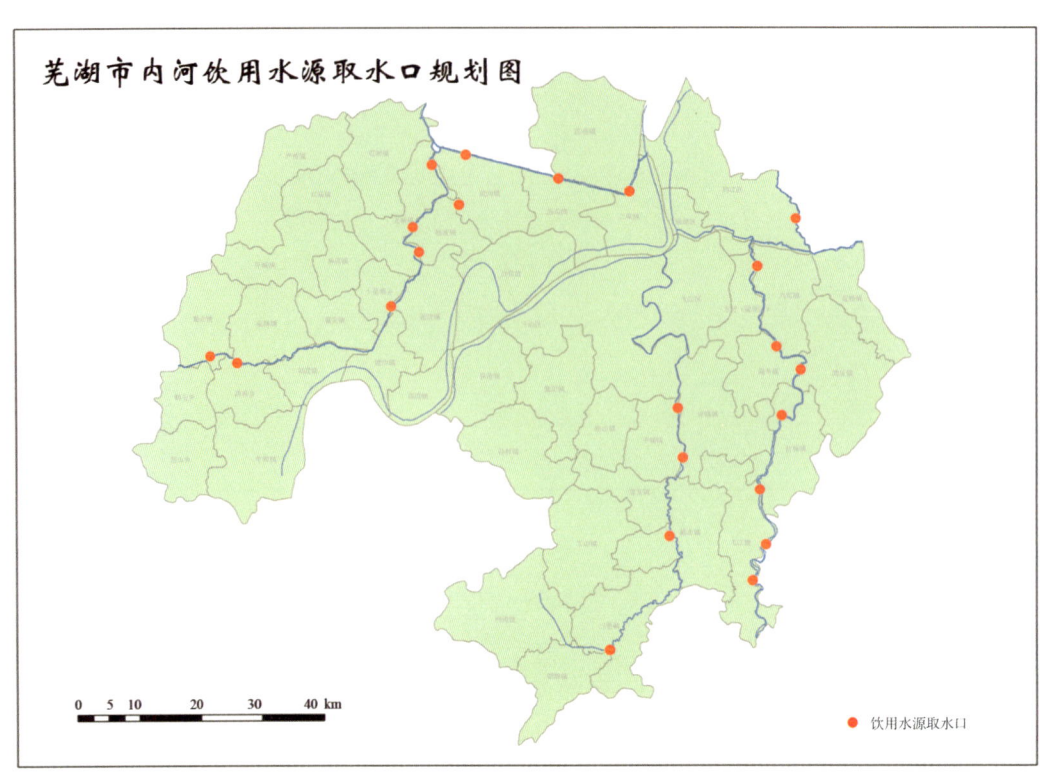

图6-1 规划饮用水源取水口布局

表6-8 规划饮用水源取水口属性

乡(镇)名称	取水口名称	取水河流名称	年最大取水量(万t)	2011年取水量(万t)	供水人口(万人)
弋江镇	奚滩水厂取水口	青弋江	60	40	1.2
弋江镇	清江供水公司取水口	青弋江	110	40	1.8
弋江镇	永清自来水厂取水口	青弋江	60	60	2.3
红杨镇	红星自来水厂取水口	青弋江	45	30	1.1
湾沚镇	县自来水厂取水口	青弋江	3 650	3 600	17
陶辛镇	芜湖县陶辛镇弋江水厂取水口	青弋江	60	30	2.4
六郎镇	县易太水厂取水口	青弋江	30	30	1.3
三里镇	三里水厂取水口	漳河	110	110	1.35
籍山镇	南陵县供水有限公司取水口	漳河	1 600	300	10
平铺镇	平铺自来水厂取水口	漳河	54	41	3.27
许镇镇	幸福自来水厂取水口	漳河	56	38	1.2
蜀山镇	蜀山自来水厂取水口	西河	92	93	1.7
洪巷乡	洪巷乡自来水厂取水口	西河	56	49	2.06
十里墩乡	十里自来水有限责任公司取水口	西河	123	95	3.5
福渡镇	无为县通江自来水有限公司取水口	西河	55	48	1.6
无城镇	七里水厂取水口	西河	45	48	1.8
无城镇	顺民水厂取水口	西河	38	49	1.8
陡沟镇	田桥自来水厂取水口	裕溪河	50	44	1.7
汤沟镇	无为三汊河自来水厂取水口	裕溪河	150	123	3.2

第二节 岸线控制利用区的优化调整

控制利用岸段的优化调整主要包括功能布局不合理项目,影响防洪安全、河流生态保护项目,开发利用强度过高等项目,需要根据不同岸段实际情况,采取相应的思路与对策。

一、芜申运河

岸线控制利用区主要分布在两个岸段:

永安桥泵站—芜申运河入长江口岸段,岸线长9.5 km。其中永安桥泵站—芜湖市景康建材有限公司,长0.6 km,堤间宽度等级为2级,陆域后方开发适宜性等级为1级,稳定性等级为2级,岸线综合等级为4级;芜湖市景康建材有限公司—宁安城际铁路桥上游800 m,岸线长2.6 km,堤间宽度等级、陆域后方开发适宜性等级及稳定性等级均为1级,岸线综合等级为1级;宁安城际铁路桥上游800 m—芜申运河入长江口,岸线长6.3 km,堤间宽度等级为2级,陆域后方开发适宜性等级及稳定性等级均为1级,岸线综合等级为4级。岸段后方为芜湖主城区,主要为商业和居住利用,从下游往上游分别建有临江桥、中山桥、花津桥、中江桥、弋江桥、老铁路桥、袁泽桥、新铁路桥、中江大道桥、沪渝高速青弋江大桥共10个跨河桥梁。开发利用强度高,建议距岸50 m范围内作为城镇景观岸线利用,并控制后方建筑的开发利用强度及岸边建筑的高度和类型。

宁安城际铁路桥上游800 m—芜申运河入长江口岸段,岸线长6.3 km,堤间宽度等级为2级,陆域后方开发适宜性等级及稳定性等级均为1级,岸线综合等级为4级。岸段后方为芜湖主城区,主要为商业和居住利用,从下游往上游分别建有临江桥、中山桥、花津桥、中江桥、弋江桥、老铁路桥、袁泽桥、新铁路桥共8个跨河桥梁,有一个工业用水取水口(新兴铸管有限责任公司)。开发利用强度高,建议距岸50 m范围内作为城镇景观岸线利用,并控制后方建筑的开发利用强度及岸边建筑的高度和类型。

二、青弋江

岸线控制利用区分布在罗保村下游界（与芜湖县城区湾沚交界处）—赵家河口上游 1 km 处，岸线长 1.2 km，堤间宽度等级为 1 级，陆域后方开发适宜性等级为 2 级，稳定性等级为 1 级，岸线综合等级为 2 级。岸段后方为芜湖县城老城区，住房矮小而密集，利用程度高，景观岸线缺乏。建议距岸 30~50 m 范围内建设景观带，并控制后方建筑的开发利用强度。

三、漳河

岸线控制利用区分布在三个岸段：

三里镇镇区上界（孔村段上游）—三里镇镇区下游界，岸线长 3.2 km，堤间宽度等级为 2 级，陆域后方开发适宜性等级为 3 级，稳定性等级为 1 级，岸线综合等级为 4 级。岸段后方为三里镇中心镇，建议岸线功能控制为景观利用。

南陵县城籍山镇南 318 国道桥—籍山镇镇区北龙门站闸，包括左右两岸，岸线长度分别是 4.6 km 和 4.7 km，河道弯曲，滩地发育，不通航，堤间宽度等级为 2 级，陆域后方开发适宜性等级为 2 级，稳定性等级为 1 级，岸线综合等级为 4 级。本岸段有南陵县供水有限公司取水口，陆域后方为南陵县城，其中上游段主要为新开发建设用地，下游段大部分为老城区。建议岸线功能控制为景观利用，并控制岸边建筑高度和类型。

渔港站上游约 500 m—澛港大桥下游约 900 m，岸线长 4.5 km，堤间宽度等级、陆域后方开发适宜性等级及稳定性等级均为 1 级，岸线综合等级为 1 级。该岸段处于漳河入长江处，位于漳河与龙窝湖交叉口，在河势稳定性上属于重要节点。澛港大桥下游段目前多属于未开发利用状态，西临龙窝湖，澛港大桥上游段陆域后方为芜湖主城区，主要为工业用地。建议距岸 50 m 范围内控制利用类型，作为景观岸线利用。

四、裕溪河

岸线控制利用区分布在入江口上游约 800 m 汊河汇流处—入江口，岸线长 0.8 km，堤间宽度等级为 2 级，陆域后方开发适宜性等级及稳定性等级均为 1 级，岸线综合等级为 4 级。陆域后方属于裕溪港区用地，岸线利用率高。应控制岸线利用强度。

五、西河

岸线控制利用区分布在王福村红旗斗门下游约 1 km 处—沙湾村中游处黄湾斗门处,岸线长 3.2 km,堤间宽度等级、陆域后方开发适宜性等级及稳定性等级均为 1 级,岸线综合等级为 1 级。岸段地处河流拐弯段凹岸。陆域后方规划为无为县县城,现状为部分住宅用地,建议岸线功能控制为城镇景观利用,并控制岸边建筑高度和类型。

第三节 岸线开发利用区的开发引导

一、岸线开发利用区功能类型划分

根据芜湖内河岸线资源特点及对岸线开发利用的需求,综合考虑各类利用方式对岸线资源条件的要求,将岸线开发利用区功能分为港口岸线、工业岸线、城镇生活与旅游景观岸线三种类型。

港口岸线。为城镇及周边地区货物提供仓储、中转、运输等服务的公用港口岸线。要求堤间宽度等级为1级,陆域后方开发适宜性等级在2级以上,稳定性等级也在2级以上。陆域纵深500~800 m范围内不再进行新的企业和城镇开发。

工业岸线。为工业区产业发展提供仓储、中转、运输等服务的港口岸线,包括部分企业码头岸线。要求堤间宽度等级为1级,陆域后方开发适宜性等级最好在2级以上,稳定性等级在2级以上。陆域纵深500 m范围内不再进行新的企业和城镇开发。

城镇生活与旅游景观岸线。为满足城镇居民"亲水"需要而建设的滨河生活休闲与景观带所使用的岸线。对岸线资源条件要求相对较低。陆域纵深50 m范围内控制生产性利用,作为景观岸线利用,并控制沿岸建筑类型与高度。

二、岸线开发利用区功能分区引导

芜申运河。岸线开发利用功能区主要分布在右岸的芜申运河与青山河交汇处下游3 km—万春一站排涝涵水闸,清水村段中游—永安桥泵站,左岸的上游界下游1.5 km—城东村沟口站闸,北埂斗门站以西约300 m—宁安城际铁路桥上游800 m共四个岸段。

芜申运河与青山河交汇处下游3 km—万春一站排涝涵水闸(清水大桥上游200 m)。岸线长5.7 km,分为两个功能岸段。芜申运河与青山河交汇处下游3 km—新民村、同和村交界处,岸线长2.8 km,堤间宽度等级为1级,陆域后方开发适宜性等级和稳定性等级均为2级,岸线综合等级为2级,规划为港口岸线。新民村、同和村交界处—万春一站排涝涵水闸(清水大桥上游200 m),岸线长2.9 km,规划为城镇生活与旅游景观岸线(图6-2)。

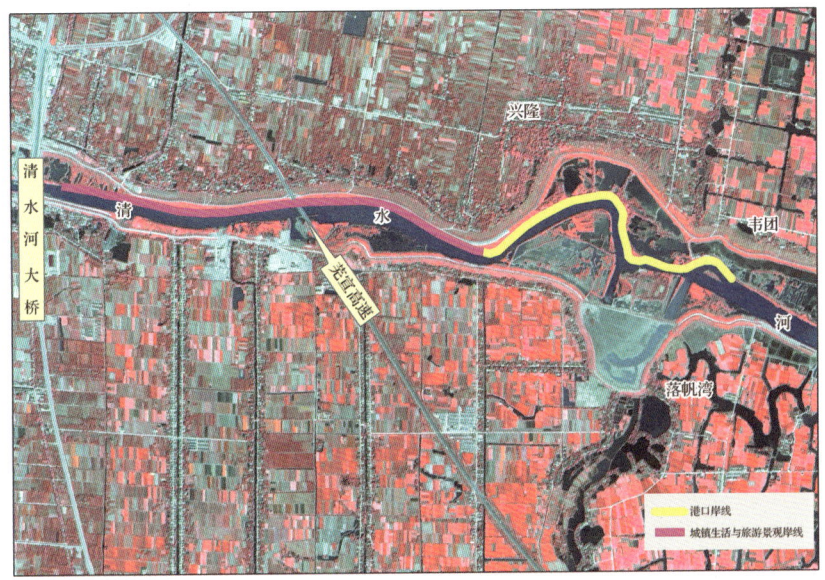

图6-2　芜申运河与青山河交汇处下游3 km—万春一站排涝涵水闸

清水村段中游—永安桥泵站。岸线长2.8 km，堤间宽度等级为2级，陆域后方开发适宜性等级和稳定性等级为1级，岸线综合等级为4级。后方陆域为芜湖主城区，规划为城镇生活与旅游景观岸线（图6-3）。

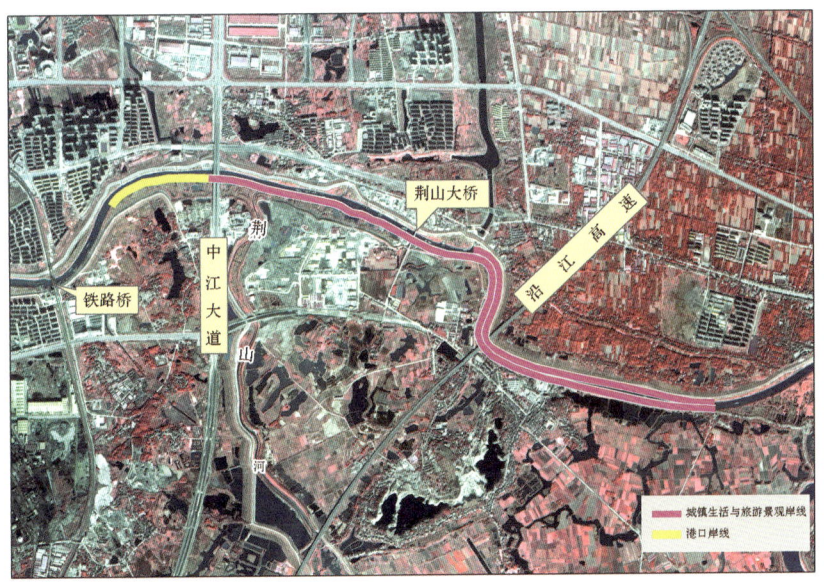

图6-3　清水村段中游—永安桥泵站

北埂斗门站以西约300 m—宁安城际铁路桥上游800 m。岸线长6 km，分为两个功能岸段，北埂斗门站以西约300 m—中江大道桥，岸线长5.1 km，规划为城镇生活与旅游景观岸线，其中上段3.4 km岸线综合等级为 4 级,下段 1.7 km 岸线综合等级为 1 级。中江大道桥—宁安城际铁路桥上游 800 m,岸线综合等级为 1 级,规划为港口岸线。

上游界下游 1.5 km—城东村沟口站闸。岸线长 2.8 km,堤间宽度等级、陆域后方开发适宜性等级和稳定性等级均为 2 级,岸线综合等级为 4 级,规划为港口岸线。

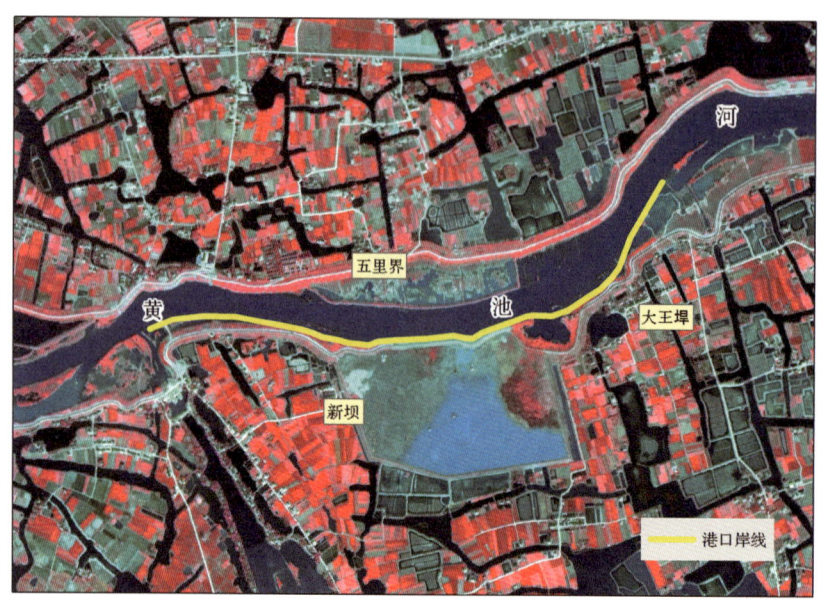

图 6-4 上游界下游 1.5 km—城东村沟口站闸

青弋江。岸线开发利用区功能区主要分布在右岸罗保村罗保站闸—罗保村下游界,赵家河口上游 1 km 处—周西村赵家河口下游 800 m 处,以及左岸的弋江镇沿河村 318 国道桥—弋江大桥以下 150 m,行春村、旗杆村交界处(旗杆村方塘站)—旗杆村旗杆站闸四个岸段。

罗保村罗保站闸—罗保村下游界。岸线长 2.4 km,堤间宽度等级为 1 级,陆域后方开发适宜性等级为 2 级,稳定性等级为 1 级,岸线综合等级为 2 级。后方陆域为芜湖县城区,规划为城镇生活与旅游景观岸线(图 6-5)。

赵家河口上游 1 km 处—周西村赵家河口下游 800 m 处。岸线长 1.8 km,堤间宽度等级为 1 级,陆域后方开发适宜性等级为 2 级,稳定性等级为 1 级,岸线综合等级为 2 级,规划为港口岸线。

弋江镇沿河村 318 国道桥—弋江大桥以下 150 m。岸线长 1.1 km,堤间宽度等级为 2 级,陆域后方开发适宜性等级为 2 级,稳定性等级为 1 级,岸线综合等级为 4 级,规划为城镇生活与旅游景观岸线(图 6-6)。

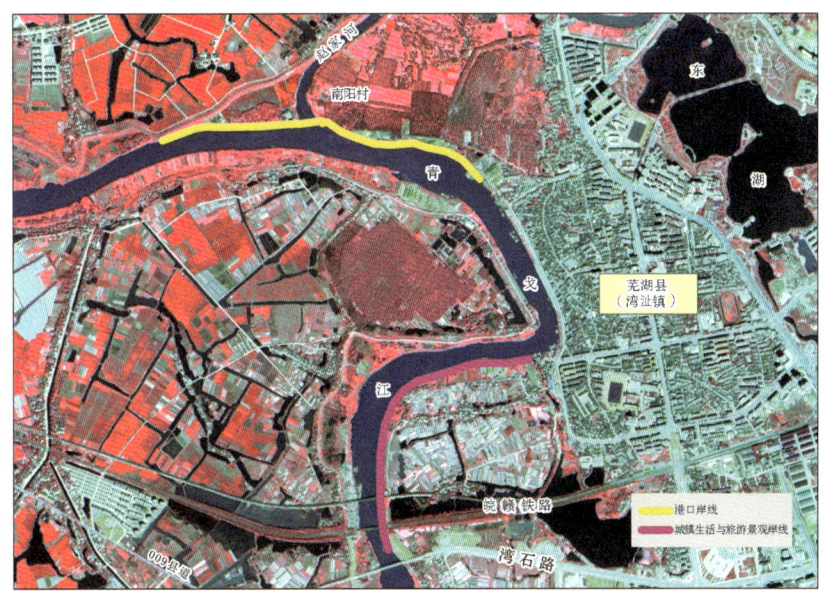

图6-5　罗保村罗保站闸—罗保村下游界

图6-6　弋江镇沿河村318国道桥—弋江大桥以下150 m

行春村、旗杆村交界处(旗杆村方塘站)—旗杆村旗杆站闸。岸线长0.5 km,堤间宽度等级为1级,陆域后方开发适宜性等级为2级,稳定性等级为1级,岸线综合等级为2级,规划为城镇生活与旅游景观岸线。

漳河。岸线开发利用区功能区主要分布在右岸的籍山镇镇区北龙门站闸(太白大道大桥下游130 m)—联城村、仓溪村交界处,三埠管下游1.5 km弋江区牌坊村段下游(佘村村门楼站对岸)—渔港站上游约500 m，左岸的籍山镇镇区北龙门站闸（太白大道大桥下游130 m）—滨玉村梅竹园上游200 m三个岸段（图6-7）。

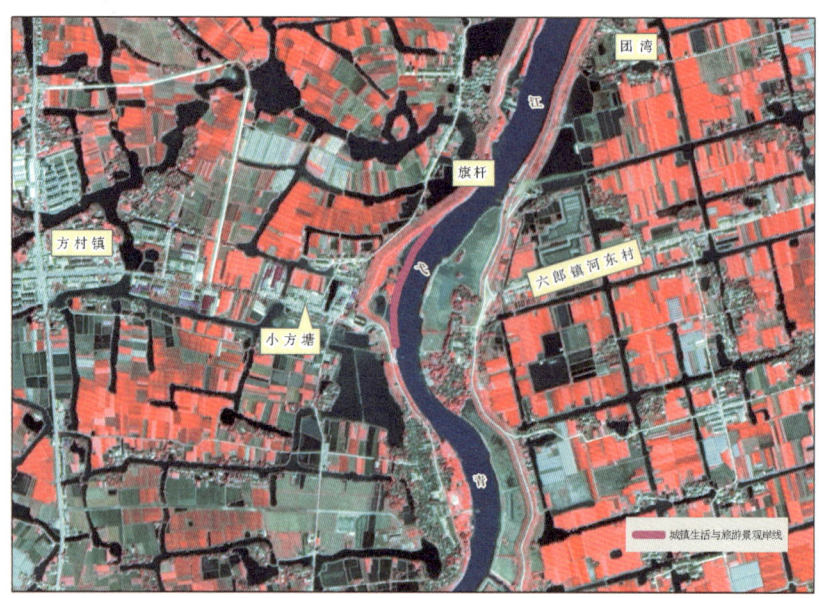

图6-7　行春村、旗杆村交界处（旗杆村方塘站）—旗杆村旗杆站闸

籍山镇镇区北龙门站闸（太白大道大桥下游130 m）—联城村、仓溪村交界处。岸线长3.8 km，分为两个功能岸段。籍山镇镇区北龙门站闸（太白大道大桥下游130 m）—联成村张湾，岸线长2.5 km，堤间宽度等级为1级，陆域后方开发适宜性等级为2级，稳定性等级为1级，岸线综合等级为2级，规划为城镇生活与旅游景观岸线。联成村

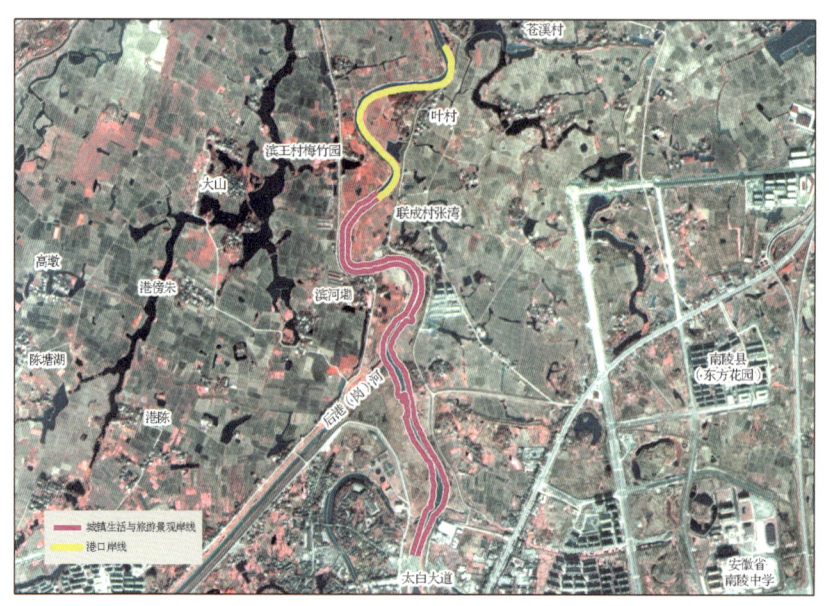

图6-8　漳河籍山镇镇区北龙门站闸—联城村、仓溪村交界处

张湾—联城村、仓溪村交界处,岸线长 1.3 km,堤间宽度等级为 1 级,陆域后方开发适宜性等级为 2 级,稳定性等级为 1 级,岸线综合等级为 2 级,规划为港口岸线(图6-8)。

籍山镇镇区北龙门站闸(太白大道大桥下游 130 m)—滨玉村梅竹园上游 200 m。岸线长 2.6 km,堤间宽度等级、陆域后方开发适宜性等级及稳定性等级均为 1 级,岸线综合等级为 1 级,规划为城镇生活与旅游景观岸线。

三埠管下游 1.5 km 弋江区牌坊村段下游(佘村村门楼站对岸)—渔港站上游约 500 m。岸线长 17.2 km。其中三埠管下游 1.5 km 弋江区牌坊村段下游(佘村村门楼站对岸)—石硊村下游(金鸡港站闸下游约 600 m)段长 2.6 km,堤间宽度等级为 1 级,陆域后方开发适宜性等级为 2 级,稳定性等级为 1 级,岸线综合等级为 2 级。石硊村下游(金鸡港站闸下游约 600 m)—新义村下坝角站段长 1.7 km,堤间宽度等级为 1 级,陆域后方开发适宜性等级及稳定性等级均为 2 级,岸线综合等级为 2 级。新义村下坝角站—塔影村坝上段长 8.4 km,堤间宽度等级为 1 级,陆域后方开发适宜性等级为 2 级,稳定性等级为 1 级,岸线综合等级为 2 级。塔影村坝上—青弋江分洪道连河圩下游节点段长 0.9 km,堤间宽度等级为 2 级,陆域后方开发适宜性等级为 2 级,稳定性等级为 1 级,岸线综合等级为 4 级。青弋江分洪道连河圩下游节点—塔影村段中游(塔影村、渔港村、螃蟹矶村交界处)长 1 km,堤间宽度等级为 1 级,陆域后方开发适宜性等级为 2 级,稳定性等级为 1 级,岸线综合等级为 2 级。塔影村段中游(塔影村、渔港村、

图6-9 三埠管下游 1.5 km 弋江区牌坊村段下游—渔港站上游约 500 m

螃蟹矶村交界处）—渔港站上游约 500 m，长 2.6 km，堤间宽度等级、陆域后方开发适宜性等级及稳定性等级均为 1 级，岸线综合等级为 1 级。后方陆域为芜湖市中心城区，规划为城镇生活与旅游景观岸线（图 6-9）。

裕溪河。岸线开发利用区功能区主要分布在右岸的上游界下约 1.2 km 处—后河与裕溪河交汇处王山斗门附近，三汊河—永固闸站下游 500 m，左岸的合芜高速公路上游—裕溪河港下游界。

上游界下约 1.2 km 处—后河与裕溪河交汇处王山斗门附近。岸线长 1.2 km，堤间宽度等级为 1 级，陆域后方开发适宜性等级为 3 级，稳定性等级为 1 级，岸线综合等级为 3 级。后方为石涧开发区，规划为工业岸线（图 6-10）。

图 6-10 上游界下约 1.2 km 处—后河与裕溪河交汇处王山斗门附近

三汊河—永固闸站下游 500 m（万河口上游 350 m）。岸线长 12.2 km，分成两个功能岸段。三汊河—马渡站闸下游 500 m，岸线长 6.5 km，规划为工业岸线。其上段 3.3 km 岸线综合等级为 2 级，下段 3.2 km 岸线综合等级为 1 级。马渡站闸下游 500 m—永固闸站下游 500 m，岸线长 5.7 km 规划为城镇生活与旅游景观岸线。其中马渡站闸下游 500 m—汤沟镇黄马村马家渡长 1.7 km，岸线综合等级为 1 级；汤沟镇黄马村马家渡—观寺港闸站下游 1.1 km，长 1.8 km，岸线综合等级为 4 级；观寺港闸站下游 1.1 km—雍南社区大庄，长 0.7 km，岸线综合等级为 1 级；雍南社区大庄—永固闸站下游 500 m（万河口上游 350 m），长 1.5 km，岸线综合等级为 4 级（图 6-11）。

合芜高速公路上游—裕溪河港下游界。岸线长4.3 km,分成两个功能岸段。合芜高速公路上游—铁路桥下游900 m,岸线长2.3 km,堤间宽度等级为2级,陆域后方开发适宜性等级及稳定性等级均为1级,岸线综合等级为4级,规划为城镇生活与旅游景观岸线。铁路桥下游900 m—裕溪河港下游界,岸线长2 km。堤间宽度等级、陆域后方开发适宜性等级及稳定性等级均为1级,岸线综合等级为1级,规划为港口岸线。

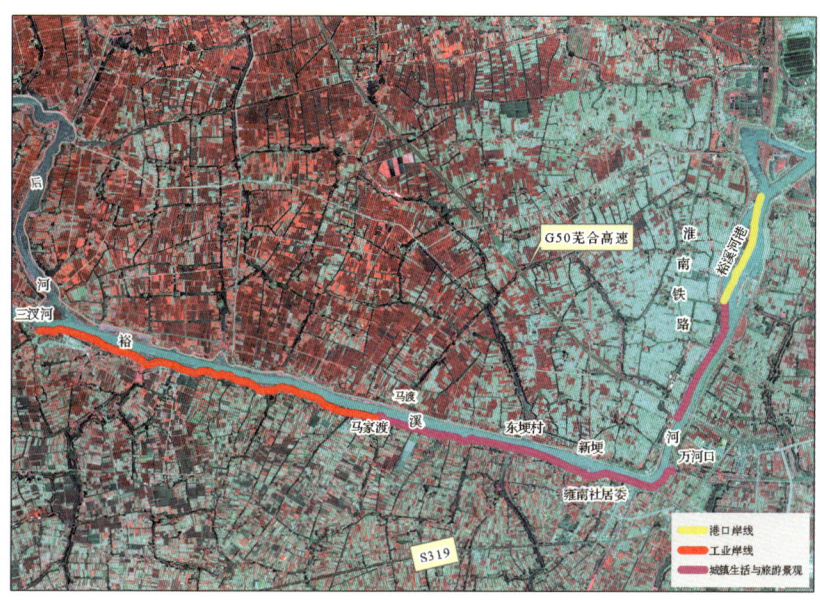

图6-11 三汊河—万河口上游350 m

西河。岸线开发利用区功能区分布在右岸的蒋湾桥—沙湾村中游黄湾斗门处,左岸的永安河口四河桥上游300 m—襄安镇文思村团墩,蒋湾桥—王福村红旗斗门下游约1 km处。

蒋湾桥—沙湾村中游黄湾斗门处。岸线长11.8 km,分成三个功能岸段。蒋湾桥—马口站泵站,岸线长3.2 km,堤间宽度等级与陆域后方开发适宜性等级均为1级,稳定性等级为2级,岸线综合等级为2级,规划为城镇生活与旅游景观岸线。马口站泵站—福渡镇马口村,岸线长1.6 km,堤间宽度等级、陆域后方开发适宜性等级及稳定性等级均为1级,岸线综合等级为1级,规划为港口岸线。福渡镇马口村—沙湾村中游黄湾斗门处,岸线长7 km。其中上段4 km堤间宽度等级、陆域后方开发适宜性等级均为1级,稳定性等级为2级,岸线综合等级为2级;下段3 km堤间宽度等级、陆域后方开发适宜性等级及稳定性等级均为1级,岸线综合等级为1级,规划为城镇生活与旅游景观岸线。

蒋湾桥—王福村红旗斗门下游约1 km处。岸线长8.5 km,堤间宽度等级与陆域后方开发适宜性等级均为1级,稳定性等级为2级,岸线综合等级为2级,规划为城镇生活与旅游景观岸线(图6-12)。

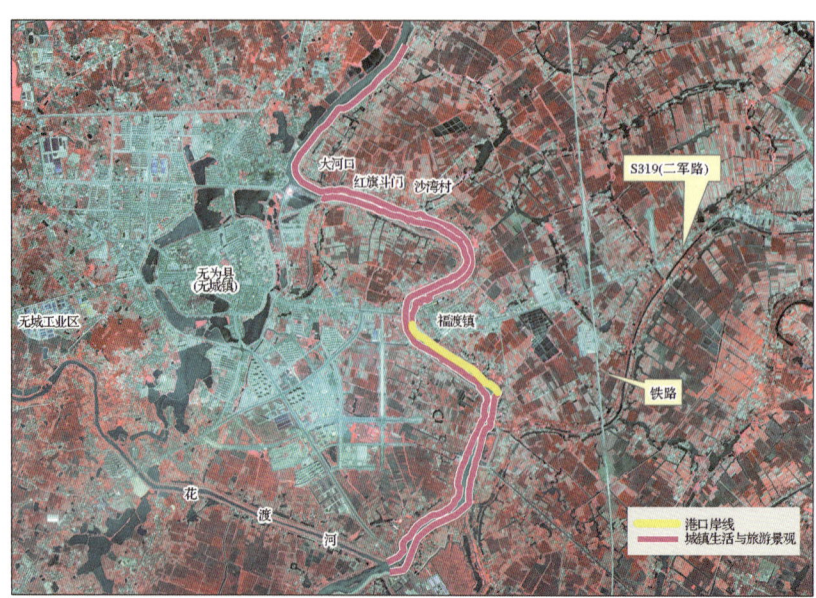

图6-12 蒋湾桥—王福村红旗斗门下游约1 km处

永安河口四河桥上游300 m—襄安镇文思村团墩。岸线长0.9 km,堤间宽度等级为1级,陆域后方开发适宜性等级为2级,稳定性等级均为1级,岸线综合等级为2级,规划为港口岸线(图6-13)。

图6-13 永安河口四河桥上游300 m—襄安镇文思村团墩

第七章 研究结论和对策建议

第一节 主要结论
第二节 对策建议

第一节 主要结论

岸线资源是处于水陆交互地带的战略资源,具有稀缺性、价值性、不可替代性和不可再生性等特征,其合理的保护及开发利用必须从水陆协同的系统综合视角展开。本书基于长江岸线资源的相关研究,以芜湖高等级内河航道为案例,分析了河道演变和开发利用现状,研究了内河河流后方陆域开发与保护需求,并对内河岸线资源条件进行评价。在此基础上,研究了内河岸线功能分区,并对关键功能岸段开发利用与优化调整展开探讨。本书主要结论如下:

(1)支流岸线资源利用特征识别。研究显示,内河岸线功能以单一功能为主,岸线利用以水利设施为主,内河港口码头、城镇生活等内河岸线利用少,等级航道水运优势发挥不明显。这与长江岸线资源以港口工业的开发利用存在较大不同。受到经济发展水平等的综合制约,内河岸线的开发利用仍主要集中在一二级岸线,岸线功能缺乏统筹,取水口、排污口等布局较为混乱,影响了岸线的集约利用水平和多功能开发利用。

(2)内河岸线资源条件综合评价。长江岸线资源条件评价主要从岸线前沿水深、岸线稳定性、岸前航道水域宽度、后方陆域情况等方面展开。本书基于内河岸线两岸基本渠化的现实,选择航道等级与堤间宽度、陆域后方开发适宜性等级、岸线稳定性等指标对芜湖内河岸线综合条件展开评价,这与已有的研究有较大不同。其中,陆域后方开发适宜性等级是从自然因素、经济社会两个方面选择要素展开分析,自然因素主要考虑生态、灾害等,经济社会方面主要考察交通区位、空间规划引导等因素。

(3)内河岸线功能分区评价。不同功能岸线其开发利用的方式和强度有较大差异。本书在参考《全国河道(湖泊)岸线利用管理规划技术细则》的基础上,根据芜湖内河岸线资源条件、开发现状、开发需求等,尤其注重内河岸线的保护、保留,将内河岸线划分成岸线保护区、岸线保留区、岸线控制利用区和岸线开发利用区四种类型。这对于构建科学合理的自然岸线格局具有一定的指导意义和现实价值。

（4）关键功能岸段开发利用与优化调整。在科学评价城乡供水取水口服务效率的基础上，提出取水口岸线的整合与布局方案；结合岸线功能分区和开发利用现状、强度，提出各条河流控制利用岸段的优化调整思路与对策；结合芜湖市内河港口规划、沿河各市县城镇规划、产业发展规划等，提出各河流港口岸线、工业岸线、城镇生活与旅游景观岸线的布局方案。

其存在的创新点主要体现在以下几方面：

（1）突出"大保护"，从保护—开发综合的角度，提出内河岸线资源评价的指标体系；把航道等级与堤间宽度作为评价内河岸线资源条件的指标之一，符合内河岸线特性且具有可获得性和可推广性。

（2）从微观尺度探讨了岸线保护区、岸线保留区、岸线控制利用区和岸线开发利用区在不同河流的空间布局，这为其他支流岸线的功能分区划分和"空间落地"提供范例。

（3）为构建科学合理的自然岸线格局提供新的方法。本书是综合地理学、交通、水利、城市规划等不同学科，从系统综合视角对内河岸线资源保护—开发利用进行研究，通过岸线资源的评价、功能分区、优化调控，给出不同河流、不同岸段保护—开发利用的方向，具有很好的方法和思路创新。

第二节 对策建议

一、建立内河岸线治理保护与有偿使用相结合的运行机制

按照《中华人民共和国防洪法》规定的"开发利用和保护水资源，应当服从防洪总体安排，实行兴利与除害相结合的原则"，进一步做好各相关规划在沿河开发、保护间的对应和衔接、协调工作。强化岸线开发利用的协调和统筹管理，建立有关职能部门参加的会商制度，协调和解决开发中的重大问题。岸线开发利用区岸段的开发利用借鉴长江岸线资源的成功经验，实行有偿使用，强化岸线使用企业的岸线价值观念。相关项目建设应从计划安排、项目审批、工程建设、运行管理到经济调控、投资政策等，多方面推进岸线利用和河道治理保护的相互衔接。港口码头、过江通道、取水口等各类开发利用岸线的建设项目，选址和布局要符合岸线功能区划和控制利用管理要求。

二、建立多元化投资经营方式，形成河势整治控制与岸线开发利用相适应的投入机制

建立完善规划实施评估、防洪和河势稳定与岸线开发利用相互适应的定期评估制度和动态推进办法。完善以公共财力为主，并有多元化、多渠道社会筹资的河道整治机制；鼓励和支持有利于巩固防洪安全、促进河势稳定的项目先行实施。建立内河岸线开发利用专项基金，结合开发利用进程，部署和推进关键河段的河势控制整治工程，为岸线利用创造有利条件。

三、加强动态管理，建立不合理利用岸线调整机制

做好河势、河床变化、水流、水质的监测，定期开展内河岸线开发利用和治理活动的影响分析，实施动态监控管理；加强内河治理和保护的科学研究，提高信息化管理水平，逐步形成包括规划实施信息反馈、阶段评估、调控引导、滚动计划等措施在内的科学管理制度。运

用遥感手段和实地核定等方式实时检查岸线利用情况,对不符合岸线规划用途和开发强度要求的项目进行整顿,禁止乱占乱用、占而不用、多占少用。

四、加强开发利用岸线的储备管理,注重岸线与腹地联动开发

对于低效率使用的岸线以及尚未使用可开发利用岸线,参照土地储备的办法,实行岸线储备管理。即政府根据国民经济和社会发展规划、土地利用总体规划、城市总体规划、岸线开发利用规划等,划定岸线储备范围,编制岸线储备计划,委托岸线管理部门依法通过收购、收回、置换、征收和拆迁等方式储备岸线资源,并在进行地上物拆迁、场地平整等前期开发后,按照岸线开发利用规划,以招标、拍卖、挂牌和协议的方式供应岸线资源。注重岸线与腹地联动开发,做好岸线 2 km 腹地的土地规划,统筹内河岸线开发与城镇布局、产业发展与布局等的协调,实现共同发展。

主要参考文献

曹卫东,曹有挥,吴威,等,2008.长江巢湖段岸线资源评价与港口发展研究[J].人文地理,03:64-68.

曹卫东,曹玉红,曹有挥,等,2006.安徽无为县长江岸线资源评价与开发研究[J].安徽师范大学学报(自然科学版),06:586-590.

曹玉红,曹言红,2011.生态—生产—生活功能协调的长江岸线资源开发与管理[J].环境科学与管理,10:176-179.

巢子豪,高一博,谢宏全,等,2016.1984—2012年海州湾海岸线时空演变研究[J].海洋科学,06:95-100.

陈诚,2015.江苏省泰州长江岸线利用演变及影响因素分析[J].长江流域资源与环境,03:373-380.

陈诚,甄云鹏,2014.江苏省长江岸线资源利用变化及合理性分析[J].自然资源学报,04:633-642.

陈欢,陈雯,曹有挥,等,2015.江苏苏中3市的沿江岸线资源开发利用变化及驱动因素[J].长江流域资源与环境,05:711-718.

陈晓攀,李赛峰,陈祎,2013.宁波市港口岸线资源集约化利用[J].水运管理,09:25-28.

陈晓英,张杰,马毅,等,2015.近40a来三门湾海岸线时空变化遥感监测与分析[J].海洋科学,02:43-49.

程久苗,1996.长江皖江段岸线资源的遥感调查及开发利用评价[J].自然资源,03:67-72.

段学军,陈雯,朱红云,等,2006.长江岸线资源利用功能区划方法研究——以南通市域长江岸线为例[J].长江流域资源与环境,05:621-626.

段学军,邹辉,2016.长江岸线的空间功能、开发问题及管理对策[J].地理科学,12:1822-1833.

侯西勇,刘静,宋洋,等,2016.中国大陆海岸线开发利用的生态环境影响与政策建议[J].中国科学院院刊,10:1143-1150.

侯西勇,毋亭,侯婉,等,2016.20世纪40年代初以来中国大陆海岸线变化特征[J].中国科学:地球科学,08:1065-1075.

黄家柱,2001.长江岸线江苏段资源及其合理开发利用[J].中国人口·资源与环境,03:84-86.

李行,张连蓬,姬长晨,等,2014.基于遥感和GIS的江苏省海岸线时空变化[J].地理研究,03:414-426.

李长安,杨则东,鹿献章,等,2008.长江皖江段近期河道岸线变化的遥感调查[J].第四纪研究,02:319-325.

刘飞,陈江龙,朱红云,等,2010.基于级差地租理论的岸线资源开发价值评价——以镇江市为例[J].资源科学,12:2364-2370.

刘永超,李加林,袁麒翔,等,2016.人类活动对港湾岸线及景观变迁影响的比较研究——以中国象山港与美国坦帕湾为例[J].地理学报,01:86-103.

马荣华,杨桂山,2004.长江岸线与岛屿演化的空间分形研究——以江苏段为例[J].长江流域资源与环境,06:541-545.

马荣华,杨桂山,陈雯,等,2004.长江江苏段岸线资源评价因子的定量分析与综合评价[J].自然资源学报,02:176-182,273.

马荣华,杨桂山,朱红云,等,2003.长江苏州段岸线资源利用遥感调查与GIS分析评价[J].自然资源学报,06:666-671,781-782.

潘坤友,曹有挥,梁双波,2013.行政区划调整背景下芜湖市岸线资源的时空演变与优化[J].长江流域资源与环境,04:418-425.

潘文斌,黎道丰,唐涛,等,2003.湖泊岸线分形特征及其生态学意义[J].生态学报,12:2728-2735.

彭勃,2011.舟山港口岸线资源合理利用探析[J].北方经济,08:70-71.

彭俊,陈沈良,李谷祺,等,2012.黄河三角洲岸线及现行河口区水下地形演变[J].地理学报,03:368-376.

秦延文,张雷,郑丙辉,等,2012.渤海湾岸线变化(2003—2011年)对近岸海域水质的影响[J].环境科学学报,09:2149-2159.

施少华,林承坤,杨桂山,2002.长江中下游河道与岸线演变特点[J].长江流域资源与环境,01:69-73.

施少华,杨桂山,林承坤,2002.长江中下游河道岸线的整治与开发利用[J].地理科学,06:700-704.

史先虎,黄勇,1991.浙北地区深水岸线资源的合理开发利用[J].自然资源学报,01:88-96.

宋巍巍,余云军,杨剑,等,2013.基于生态敏感性岸线的北部湾经济区沿海港口规划岸线的开发规模控制[J].中国环境科学,S1:131-136.

孙晓宇,吕婷婷,高义,等,2014.2000—2010年渤海湾岸线变迁及驱动力分析[J].资源科学,02:413-419.

索安宁,曹可,马红伟,等,2015.海岸线分类体系探讨[J].地理科学,07:933-937.

田海兰,刘西汉,王红,等,2015.近三十年来曹妃甸岸线岛体时空演变特征分析[J].海洋科学,05:68-74.

涂振顺,赵东波,杨顺良,等,2010.港口岸线资源综合评价方法研究及其应用[J].水道港口,04:297-301.

万荣荣,杨桂山,朱红云,2004.长江苏州段岸线资源评价与港口发展研究[J].长江流域资源与环境,03:223-228.

王传胜,1999.长江中下游岸线资源的保护与利用[J].资源科学,06:66-69.

王传胜,李建海,孙小伍,2002.长江干流九江—新济洲段岸线资源评价与开发利用[J].资源科学,03:71-78.

王传胜,孙小伍,李建海,2002b.基于GIS的内河岸线资源评价研究——以武汉市域长江干流为例[J].自然资源学报,01:95-101.

王传胜,王开章,2002a.长江中下游岸线资源的特征及其开发利用[J].地理学报,06:693-700.

王红娟,姜加虎,李新国,2006.岱海湖泊岸线形态变化研究[J].长江流域资源与环境,05:674-677.

王洪铸,宋春雷,刘学勤,等,2012.巢湖湖滨带概况及环湖岸线和水向湖滨带生态修复方案[J].长江流域资源与环境,S2:62-68.

王苗苗,卢晓宁,孙志高,等,2015.1979—2013年黄河三角洲岸线变迁的时空异质性研究[J].海洋湖沼通报,03:185-192.

王亚飞,郭锐,樊杰,2016.中国城市化、农业发展、生态安全和自然岸线格局的空间解析[J].中国科学院院刊,01:59-69.

毋亭,侯西勇,2016.海岸线变化研究综述[J].生态学报,04:1170-1182.

毋亭,侯西勇,2017.1940s以来中国大陆岸线变化的趋势分析[J].生态科学,01:80-88.

徐谅慧,李加林,杨磊,等,2015.浙江省大陆岸线资源的适宜性综合评价研究[J].中国土地科学,04:49-56,2.

阳立军,顾波军,管林挺,2012.舟山群岛港口岸线资源综合评价及优化利用研究[J].资源科学,11:2206-2213.

杨桂山,施少华,王传胜,等,1999.长江江苏段岸线利用与港口布局[J].长江流域资源与环境,01:17-22.

杨静,李满春,丁贤荣,等,2008.长江南京段岸线资源GIS评价与分析[J].地球信息科学,02:200-205.

叶亮,2016.长江与国外典型河流过江(河)通道比较研究[J].公路,05:120-125.

叶梦姚,李加林,史小丽,等,2017.1990—2015年浙江省大陆岸线变迁与开发利用空间格局变化[J].地理研究,06:1159-1170.

张爱剑,吴丹,2010.湖北长江岸线资源的利用和开发探析[J].鄂州大学学报,04:9-14.

张细兵,卢金友,蔺秋生,2011.长江中下游岸线利用对防洪累积影响初步研究[J].长江流域资源与环境,09:1138-1142.

张晓浩,黄华梅,王平,等,2016.1973—2015年珠江口海域岸线和围填海变化分析[J].海洋湖沼通报,05:9-15.

张晓祥,王伟玮,严长清,等,2014.南宋以来江苏海岸带历史海岸线时空演变研究[J].地理科学,03:344-351.

张耀光,王圣云,宋欣茹,2004.上海利用岛屿岸线发展海洋经济的前景[J].经济地理,06:780-783.

张云,张建丽,李雪铭,等,2015.1990年以来中国大陆海岸线稳定性研究[J].地理科学,10:1288-1293.

周玲霞,钱海峰,黄振宇,2014.长江南京段岸线水源地适宜性分析与评价[J].水资源与水工程学报,01:220-224.

朱红云,杨桂山,段学军,2006.靖江市长江干流岸线评价与开发建议[J].资源科学,02:170-174.

朱红云,杨桂山,万荣荣,等,2005.港口布局中的岸线资源评价与生态敏感性分析——以长江干流南京段为例[J].自然资源学报,06:57-63,163.

朱麟,张友华,朱诚,等,2014.基于地理本体的长江岸线规划功能区模型研究[J].测绘科学,06:83-85.

致　谢

本书是以中国科学院科技服务网络计划(STS)重点项目"长江经济带岸线资源调查与评估"(项目编号:KFJ-STS-ZDTP-011)部分成果为基础,融合前期相关规划研究,经多次修改完善而成。本书是集多学科、多部门专家学者智慧,大家协同研究、共同努力的结晶。在本书付梓出版之际,心中满怀感激。

首先感谢芜湖市发改委,芜湖市港航局、河道局、水务局、规划局、交通局等,以及各区(县)相关部门,感谢大家在课题调研、资料收集、方案研讨过程中给予的支持帮助,为本研究的顺利开展打下重要基础。

支流岸线的野外勘察经常需要坐车、乘船,或徒步跋涉。项目组成员克服了种种困难,深入到各条支流、各个岸段,系统掌握了支流岸线的开发利用现状、陆域开发利用需求情况等。在研究项目的分析讨论期间,项目组成员集思广益,从不同的专业领域对岸线功能分区、岸段利用引导等提出系列意见建议。这极大增强了本研究的科学性和实践指导性。我们对项目组成员的辛勤努力和积极贡献深表谢意,本书是我们大家共同的成果。

感谢东南大学出版社编辑们为本书的出版所付出的一切努力。

本书在编写过程中参阅了大量国内文献,在此一并感谢!但由于水平、资料等有限,书中难免存在疏漏和不妥之处,恳请广大读者不吝赐教。

最后,衷心祝愿大家身体健康、心想事成!

作者

2017年10月底于九华山下